幸せをつくる整理術

「ガラクタのない家」

井田典子

はじめに

いつも目の前の直線コースを全力で走ってきた私も、人生のカーブにさしかかり、減速が許される年齢を迎えました。ちっとも成熟しないうちに熟年の仲間入りをするためらいはありますが、ようやくこれまでのコースを振り返ることができるのは嬉しいことです。若い頃、果てしなく続くように思えた往路は、足元の石ころばかりに気を取られていましたが、これからの復路は、周りの景色や風のにおいを感じながら、ゆっくり楽しみたいと思っています。

幼い孫たちと間近で接していると、本当に「幸せのカケラ」を集めるのが上手なことに感心します。イチゴの花が小さな実をつけただけで歓声を上げたり、土に水を混ぜて小鳥のｆｏｏｄができたと喜んだり……。おさなごに倣って、私たち大人ももっと幸せを感じながら暮らしたいものです。

でも、これほど忙しい日々の中で、どうしたら幸せを見つけることができるのでしょう。一人一人の舞台は違いますから、正解はないのかもしれません。ただ思い起こせば、私自身が家庭を持ってから住み替えた5軒の家での暮らしも、これまで片づけをお手伝いに伺った数百軒のお宅でも、めざしてきたのはいつも「幸せをつくる」家でした。

家の中にガラクタとなるものをできるだけ置かない、買わない、もらわない。その決心ひとつが暮らしを変えます。目に入るガラクタをなくすことで、頭のガラクタも、心のガラクタも減らせるのではないでしょうか。家を清らかにすることは、幸せをつくる方法のひとつではないかと思っています。

これまでどんなときもぶれないように支えてもらったのが、全国友の会(『婦人之友』の読者の会)でした。この本ではその感謝をこめて、友の会の創立者である羽仁もと子の著作集から、特に私が影響を受けた言葉もご紹介しています。一人でも多くの方に触れていただきたいと心から願っています。この本を通して、ご一緒に幸せをつくる時間を紡いでいけたら幸いです。

「ガラクタのない家」幸せをつくる整理術

目次

3章 大切にしてきた言葉と暮らし

1章

新しい家へ

——暮らしの仕切り直し

2世帯の暮らしが始まりました

2018年夏、一大転機は突然訪れました。都心への通勤に便利な家を探していた娘夫婦から「いっそ2世帯で住まない？」と提案されたのです。カナダ人のオムコさんは日本の高い賃料に閉口して、早く家を買いたかったようですが、若い家計では広さと距離と環境の揃った家を探すのは至難の業でした。

一方、私たちの家は数年前にローンを完済して外壁や水回りのリフォームを終えたばかり。末の次男もようやく就職が決まって、夫婦2人のコンパクトな暮らしが始まると思っていた矢先だったので、さすがに即答ができませんでした。

ところが、意外にも慎重派の夫が「いいかもしれないね」と前向きな発言をしたのには驚きました。第一次定年を前にリニューアルしたい気持ちがあるのかしら、ただ娘や孫が可愛いだけかも……と思いながら、実は私もオムコさんが同居を望んでくれたことが、なにより嬉しかったのです。

まもなく、横浜に中古の2世帯物件が見つかったこともあり、状況は一気に進んでいきました。築25年の家はあちこち傷んではいましたが、かなりこだわりの感じられる注文住宅で、なにより天井が高く（オムコ第1条件！）、ゆったりと落ち着いた佇まいがひと目で気にいってしまいました。

私たちにとっては、人生の仕切り直しともいえる大転換でしたが、不思議なほど自然に2世帯の暮らしが始まるイメージが湧いてきました。2路線の各停の駅に近いので、交通の便がよいわりに住みやすそうな町です。楽しみと希望に満ちた再出発でした。

「ようこそ、わが家へ！」。4歳の孫はプリスクールから帰ってくると「おばあちゃ〜ん」と。
リビングの窓から「おかえり」とこたえます。

60歳を前にしての「暮らし替え」

上／玄関外の小さなスペースに置かれた寄せ植えの鉢。植物も土も鉢もオムコさんが用意して孫と一緒に植えました。
左／私たち夫婦のリビングダイニングは、明るい光がよく入る気持ちのよい空間です。

1989年、30歳を前に子育てを始めた私たちが最初に購入した住居は、公園に囲まれた3DKの古い団地でした。そして同時に、長い住宅ローンの旅が始まりました。

まもなく、思いもよらなかったバブル崩壊。それでも、3人の子どもの成長は待ったなしです。

40歳を前に4LDKの戸建に移ったときには、団地の残債も含めてローンの壁はますます高くなりましたが、2階に3部屋ある戸建は階下に気を遣う必要がなく、夢のようでした。ご近所の人たちも似通った家族構成で、すぐ裏には公園もあり、買いものにも便利な場所です。自宅で学習教室を開いたり、地域活動に関わったり、にぎやかな交流の多い20年はあっという間に過ぎていきました。

そして気がつくと、子どもが巣立った後の2階の3部屋はガランとしてもったいないし、娘一家をサポートするのに毎回、時間とガソリンを消費するのも気になっていました。

今回、60歳を前に新しい環境に住み替えることになり、慣れ親しんだ方々と離れる寂しさはありましたが、ちょうどよい節目だったと思います。

2世帯住宅は玄関だけは共通ですが、私たち夫婦が暮らすスペースは1階。左が寝室、右にリビングという造りは、動線もシンプルです。暮らしのすべてが平行移動だけですむようになったのは、思った以上に快適なことでした。

今は、まだ同居が嬉しくて仕方ない孫が、「おばあちゃ〜ん、なにしてるの?」と朝な夕なに降りてきますが、それも今のうちでしょう。2階の家族の足音で生活の気配を感じつつ、普段はそれぞれが独立した暮らしを営み、家全体のことは協力し合う。そんな関係を築いていけたらと思っています。

10年先、20年先の生き方を考える

時間の流れは本当に不思議です。どんなに嬉しいときも苦しいときも、永遠には続きません。そのかわり、必ず24時間ごとにまっさらな明日が用意されています。目に見えない「時の列車」は確実に私たちを次のステージに運んでくれているのですね。

それが一番よくわかるのが、全国友の会で5年おきに実施される「生活時間しらべ」です（P１０７写真）。私も、結婚した翌年の１９８４年からずっと参加してきました。夫婦だけでのんびりと過ごした新婚時代から、子育て中心の時代を経て、また2人になり、今は孫たちに囲まれて……と、5年ごとに暮らしは必ず変化しています。

おもしろいのは、その時代時代で大切にしていたことが、時間しらべに現れていること。子ども、仕事、社会活動。そして、どんなときも友の会を続けてきたことで〝家事筋〟を鍛えられ、家事に関わる時間はコンパクトになりました。これからは体力が落ちて逆にスローになるかもしれませんが、楽しみながら日々を味わっていけたらと思います。

10年後の70代、20年後の80代をどう迎えているのか、想像もつきませんが、人生の上り坂にいる世代を応援し、支えられる存在でありたい。そのためには2人のラクな生活に安住しないで、持てる力と時間を差し出していきたいのです。ささやかながら、夫婦で２０２０年の東京オリンピック・パラリンピックのボランティアに申請しました。まずは片言の英語をスキルアップするため、孫にもオムコさんにも英語で話しかけることから始めなくては……。

ミシンに向かうと時間を忘れます。子育て中は子どものものを、今は自分や孫のものを縫って楽しんでいます。

引っ越しで、思い出を棚卸し

普段からできるだけ不要なものを持たないよう心がけてきたつもりですが、3人の子育てをする中で、少しずつ処分を先延ばしにしてきたものがあります。今回の20年ぶりの引っ越しは、本気で棚卸しをするチャンスになりました。

息子たちの通学を支えた自転車2台と古いベッド1台、ゆがんだカラーボックスなどは粗大ゴミに出しましたが、次男が使った学習机は処分しきれずにいたのです。いま流行りの奥行がコンパクトなタイプではないのですが、知人のお子さんが使ってくださるというので、夫も喜んで車で届けました。同じ手放すにも、譲る先があるのは嬉しいことですね。

辛いのはやはり、思い出がこってり絡んだものです。判断の基準は「いつ、誰が、見たいか、使いた

応援してきた8年間の思い出がたくさん詰まったバットとグローブ。
次男は潔くグローブ1つを残してお別れしました。

いか？」。即答できたものは残すことにしました。

たとえば長男がＤＪを目指したころに揃えたターンテーブルやぎっしり入ったレコードボックス。「２年後に帰国するまで預かって」という代物で、長男の想いをなぞりたいのか、夫が休日のたびに聴いてみたいというので持っていくことに。

次男が、小学生から高校まで使った野球のユニフォーム、バット、グローブは、帰省した本人と広げて笑いながら懐かしんだ後、写真撮影。本人が草野球用に持ち帰った以外は潔く処分できました。

一番手こずったのは、私自身の記録でした。手書きでつけた時代の『家計簿』、『主婦日記』や手帳の束です。35年も保管してきたけれど、何回見たでしょう。そしてこれから何回見るでしょうか。データはパソコンに入れてあります。結局「年に一度は見たくなる」新婚当初の『家計簿』と『主婦日記』だけを残し、あとは処分に踏み切りました。書くことで、自分自身を支えられたことに感謝しながら……。

小学校時代からの歴代のユニフォーム。小中高の1着ずつを手元に残しました。

結婚した年から使い始めた『羽仁もと子案家計簿』は17年分（その後、パソコン家計簿へ）。年計表だけを残してデータ化し、処分しました。『主婦日記』は、何度も読み返したくなる最初の5冊だけに。

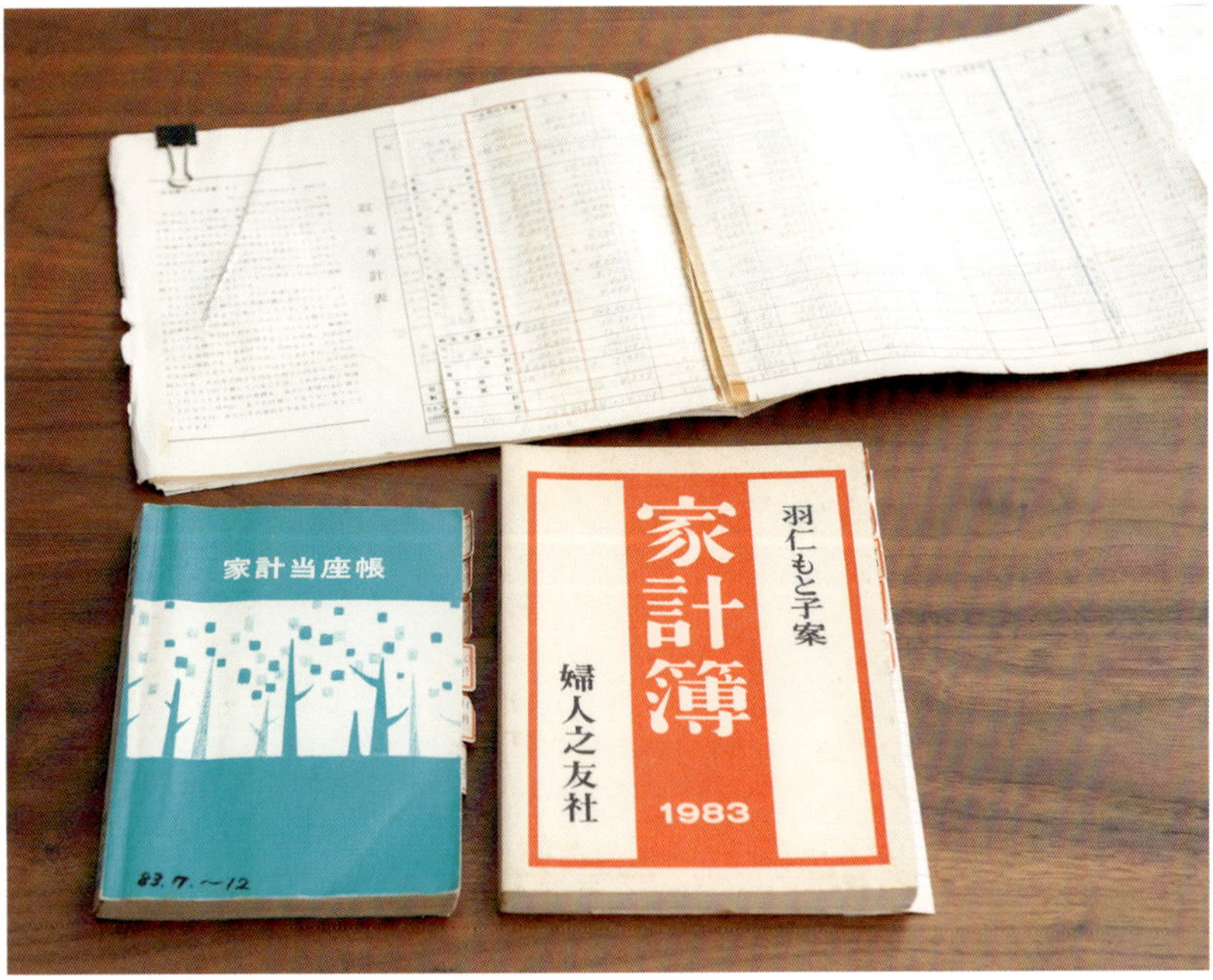

前の家に置いてきたもの——大きな家具や外回りのもの

住み替えというのは、タイミングがなかなか難しいものです。まず、住んでいた戸建が売れないことには、新しい家を買う資金も足りません。

わが家は、不動産店の人が家の中をスマホで撮ってサイトにアップした途端、すぐに問い合わせがありました。そしてありがたいことに、初めに内覧した方が気にいって即決されたのです。

おかげでホッとしたのも束の間、手続きや資金繰りや引っ越し先のリフォーム打ち合わせなど、いろいろなことが一気に加速して、怒涛のような日々でした。ありがたかったのは、次に住むことになった方が「できるだけそのまま使わせてほしい。なんでも置いていってください」とおっしゃったことです。

キッチンの幅に合わせて使っていた60㎝幅のスリム冷蔵庫をはじめ、お下がりだったダイニングセット、ベッド、サンルームのテーブルのほか、エアコン、窓スクリーン、玄関アーチ、物置にいたるまで、取り外しの手間が省けて引っ越し荷物も減りました。特に、外にあった物置は解体して運搬しなければならず、組み立て費用も入れると買い替えと変わらないくらいだったので、本当に助かりました。

クローゼットの普及で、大きなタンスを使う家は少なくなりましたが、まだまだ私たちの引っ越しは家具がたくさんあります。子育て中だけ必要な机やベッドなどは、みなさんどうしているのでしょう。日本でも、海外の家具付き物件のような家が増えたら、家族の状況に合わせた住み替えがもっと気軽にできるようになるのではないでしょうか。

1 2世帯暮らしのルールを考えました「サポート」と「けじめ」

娘一家は、これまで車で40分の距離に住んでいたので急なSOSにもそう簡単に対応できませんでした。私たち夫婦は実家を離れて所帯を持ったので、なんとか乗り切るしかなかったけれど、今は若い夫婦がフルタイムで働く時代。やはり孫のサポートは必要です。おまけにオムコさんの親族はカナダですから、頼れる実家は私たちだけです。

わが家の30歳の長男はＤＪとしてオーストラリアに滞在中。次男は来春から社会人になり一人暮らしに。それぞれの道を歩んでいる彼らの部屋を確保する必要もなくなり、ごく自然に早く結婚した順（？・）で娘一家の同居希望を受け入れた形です。

私たち夫婦の間では、一つ屋根の下とはいえ別の独立した家族と考えて、ある程度けじめをつけたスタンスを取りたいねと話していました。

たとえば、2階で孫たちが泣こうが叫ぼうが基本的に家族の問題なので、そこは聞かぬふり。叱られたりけんかしたりするたびにジジババが機嫌を取るようでは、親としてのしつけがやりにくいと思うからです。孫はかわいいけれど、おやつをあげるのも生活リズムを乱すことになるので、必ず了解を得てから。

鍵はなくても別宅と心得て、呼ばれない限り2階には上がりません。用があって上がったときにリビングのドアが開いていたとしても、コンコンとノックし「May I come in?（おじゃまします）」と声をかけるのはオムコさんにならいました。もちろん留守中にも上がらず、郵便物は階段に置きます。

娘と私は、お互い必要以上に人に甘えない性格なので、暗黙の了解でけじめがついているのを感じます。とはいえ、乳児を連れ出したくないような悪天候の中、出かける用事があれば預かりますが、できるだけ要請を受けてから動くことにしています。

食事の差し入れや家事を助けることも、若い家庭の力を弱体化させることにつながりかねないので、意識的にがまんです。それでも、パンやケーキを焼くと、匂いを嗅ぎつけた孫娘が降りてきて「なにつくってんの〜?」。その流れでピクルスや常備菜づくりを手伝ってくれれば、ついつい半分以上をお土産に。

夫も、孫が「グンナ〜イ」の挨拶にくると、その身体のどこから出てくるのかというほど甘い声で返事をしては、しつこいハグ！　こんなことが許されるのもきっと今だけですね。

1階が私たち、2・3階が娘家族の住まい。
外壁の鮮やかなブルーは、娘夫婦のセレクト。

2

スペースの割りふり——目的に合わせて自立と共有を選択

基本的に1階フロアの2LDK（105㎡）は私たち夫婦のスペース。2階フロアの2LDK（95㎡）と3階の納戸、屋根裏部屋は孫たちの成長を考えて娘一家のスペースとしています。

共有するスペースは1階の玄関ホール、来客のコートかけにもなる階段下のクローク、眺めのいい3階のバルコニー、外のアプローチと庭、駐車場です。掃除は専有スペースだけですが、玄関から外回りにかけては、時間にゆとりのある私たちが担当します。

車はたまたま、娘夫婦も私たちと同じ車種に乗っていました。2台分は車幅を取るのですが、半地下の駐車場に前後たがい違いに入庫すると、運転席ドアの開閉がスムーズになりました。物置を購入しなくても、車庫の奥に外回りの道具を置けるように工夫

少しずつ手入れを進めている新居の庭で、娘家族と一緒にバーベキュー。家族が元気にそろっての、幸せなひととき。

したいと考え中です。

郵便受けは一つなので、チェックした人が宛名で分けて玄関や階段に置きます。ドアフォンは分けてもらったので宅急便や来客はそれぞれが対応し、留守のときだけフォローします。おたがいに在不在を把握できるのは本当に助かります。

玄関が吹き抜けなのでプライバシーを心配していましたが、各部屋にドアがあるため気になりません。私たちは久々にワンフロアで生活できる便利さを味わいつつ、2階の活気あふれる音を楽しんでいます。夫もオムコさんもガーデニングやDIYが大好きなので、庭やエントランスにこれからどんな花木が育っていくのかも楽しみです。ただ庭は、以前植えられていた木を伐採したばかりで、その根がかなり残っています。当分はみんなで協力して掘り起こし作業が必要でしょう。私たちが持ちこんだレモンやブルーベリー、オリーブの木が枝を広げ、実を結んでくれる日を楽しみにしています。

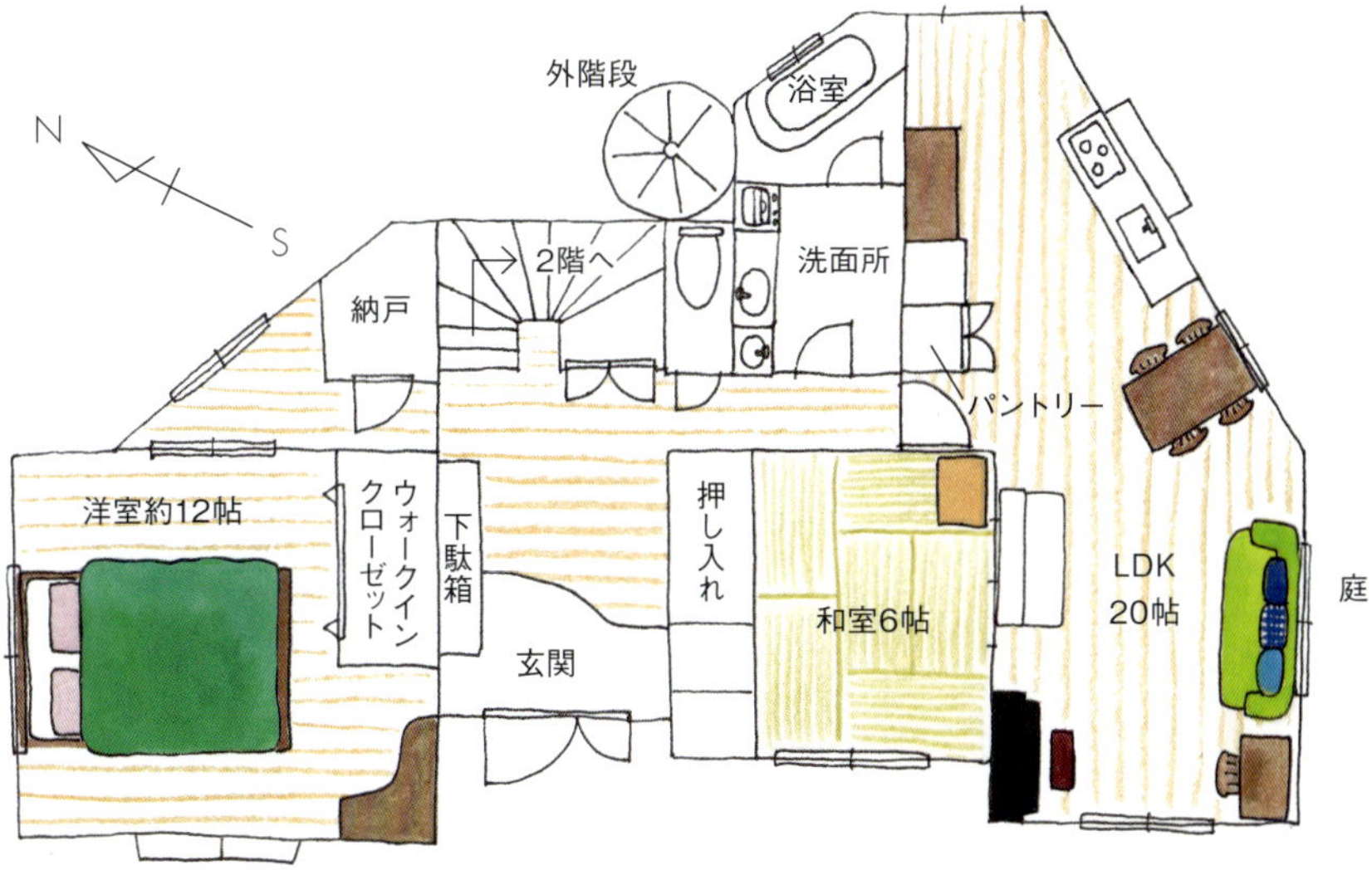

3階建ての1階部分が私たち夫婦の家。玄関のみ共有で、娘家族は2・3階に。

3 経済はきっちり分ける

玄関を上がってすぐの納戸風のスペースは、ポールがついていたので、クロークにしました。家族のコート類のほか、お客様のものもかけられます。

この家を買うにあたっては、当初かなり予算オーバーだったので、私も羞恥心を捨てて大幅に値切りました。ところが想定外だったのは、リフォームにかかる費用がどんどんふくらんでしまったこと。幸いにも前の家は即売しましたが、売るにも買うにも不動産の手数料は即金です。

娘一家は共働きを条件に目いっぱいのローンを組んでくれましたが、全体の費用からその分を差し引いた残金は自動的にこちら側にかぶさってくるわけです。私たちの老後の資金はどんどん切り崩されていきましたが、「人生最後の大買い物」と割り切ることにしました。

そのかわり、今後の家計は完全独立で援助もなし、と協議するつもりでした。娘夫婦が何か言ってくる

エントランスの壁は白く塗りなおし、インターネットで購入した柄違いのタイルは、娘たちが貼りました。センスと手際のよさに感心するばかり。

かと思いましたが、彼らもそれを当然と考えていて、拍子抜けするほどスムーズでした。

光熱費などの家計はもちろん、固定資産税もきちんと分けて負担することや、今後のメンテナンスにかかる費用も双方で話し合って進めていこうと確認できました。

若い家計はこれからが伸び盛り。ふくらんでいく一方だと思いますが、娘も家計簿をつけて把握しているようなので安心です。引っ越しで大きなお金が動いたせいで、逆にテレビの買い替えを先延ばしにしたり、外食をしないで済む時間帯に出かけたり、家具はアウトレットで販売されるチャンスを待つなど、工夫しているようです。

私たちも第一次定年でついに収入の峠を越え、下り坂に入っていきます。緊張感をもって今後の家庭生活を送っていかなくてはなりません。まずはしばらく遠のいていた山歩きを再開し、体力をつけなくてはと考えています。

引っ越しエピソード 1

想定外のオンパレード

購入した中古住宅は築25年のものですが、かなりこだわって建てられた家でした。そのためリフォームにもあっという間に費用がかさみました。大型中古住宅は想定外のオンパレードだったのです。

家の中はどこも広々としてずいぶん明るいと思ったら、窓のサイズが特注でした。とはいえ、すべてオーダーカーテンにするわけにもいきません。窓に反射フィルムを貼ったり、電球もＬＥＤに交換したり、網戸や障子も張り替えたり、物干し台をつくったり、週末ごとに夫や娘夫婦と何度もホームセンターに通って、ようやく落ち着いたら肌寒い季節になっていました。次なる課題はエアコンです。各階のリビングと寝室、4台のエアコン工事が終われば、なんとか設備投資も終わることでしょう。

また、ガスや水道は1階と2階が別なのに、どういうわけか電気の分電盤が1つしかありませんでした。家計を独立させるのに困ると思い、それだけは分けてほしいと頼んだところ、工事におよそ30万円。古い庭石や伸び放題の庭木の伐採や撤去処分に45万円。古い業務用の天井埋めこみ式エアコン、お風呂、トイレ、キッチンセットの撤去処分に100万円……。中古住宅をリフォームする以前に、こんなにかかるという現実に愕然としましたが、もう引き返すことはできません。もちろん新しい水回りの設備はだんだん節約モードになっていきました。

予定通り引っ越しが済み、段ボール30箱の荷ほどきも3日くらいで終わったものの、建築業界の人手不足は深刻らしく、2週間近く足場の解体が遅れました。その間は一切庭仕事ができなかったので、せっかく運びこんだ庭木がしおれてきて、春先までに根を下ろしてくれるかちょっと心配です。

家計簿を締めるのがちょっとこわい1年でした。

移植したばかりのレモンの木。しっかり根を張って、
私たちの暮らしのパートナーになることを願っています。

引っ越しエピソード②

骨折とピアノと引っ越し費用

庭木や自転車などの大物は、軽トラックを借りて前日に運びこみ。レンタル料が安くて助かりました。

引っ越しの見積もりを取ったのは4社。どこも、わが家の荷物が少ないことから格安での提案でしたが、3トントラックですませるには植木や大型プランター、自転車、コンポストといった外回りのものがはみ出します。2トン車2台になると割高なので、前日に軽トラを半日レンタルし、自分たちで運ぶことにしようと夫が予約。その直後、夫はまさかのくるぶし骨折をしたのでした。

引っ越し前日に愛着のある庭木を全部掘り起こすつもりでしたが、私一人では根が張ったシマトネリコは無理。なんとかベイリーフ、キンカン、レモン、ブルーベリー、沈丁花、クリスマスローズなどをせっせと掘り起こし、軽トラに積み込みました(写真)。こうして費用は格安に収まるはずが、一番の難敵は

引っ越しの費用は以下の通りです

・粗大ごみ手数料	3,150円
・引っ越し料金	63,000円
・ピアノ搬出搬入	134,000円
・軽トラック半日レンタル	4,250円

合計 204,400円

2階の子ども部屋に置いていたピアノでした。次男が小学生のときに、彼の貯金をはたいて買った木目の中古ピアノを「何とか運んで」と頼まれたものの、搬入のときにはなかったサンルームの屋根がネックで、吊り降ろせないことが判明。住宅や電線が密集していることからいくつものピアノ業者に断られ、「大型クレーンで吊り上げてみます」と言ってくれた1社に懸けました。隣り近所がハラハラ見守る中、4段に伸ばしたクレーンの先に、小さく見えるほど高々と吊り上げられたピアノが無事着地したときは思わず拍手！　輸送こみで13万円の費用も、納得でした。

左／隣家の壁と電線の間をかいくぐって、無事に2階の窓から吊り降ろしてもらいました。
下／明るいリビングの一角に構えた次男のピアノ。主人《あるじ》を待つ間に、私も少しずつ練習しています。

2章

わが家のモノは定数・定位置管理

シンプルライフへ――わが家の持ち数2777点

スッキリ、シンプルという言葉があふれるようになったのはいつからでしょうか。モノがない戦後に苦労した世代にとっては、たくさん持つことが安心と豊かさの象徴でした。やがてモノが大量に安く入手できるようになり、今度はその管理に疲れ果て、逆にシンプル、すなわち簡素に憧れる。シンプルを願うのは、平和な時代の贅沢な悩みかもしれません。

ただ、本当の簡素な暮らしというのは、一過性のブームではなく、どんな時代にも大切にしたい生き方だと思います。羽仁もと子は、それを1938年に「一粒《ひとつぶ》選《よ》りの生活」(『真理のかがやき』より)という言葉で綴っています。一粒選りとは贅沢品を揃えるという意味ではなく、「どんなに質素でも自分たちの生活の都合に適当な家具を正しく用意する苦心と鍛錬をすること」。そのためには「自分の持っているすべてのものを、値打高く使いたい」とあり、私の新婚時代からの大きな指針になりました。

ですからシンプルライフは人まねではなく、それぞれの価値観を問い直す作業そのものだと思うのです。住まいの大小や持ち物や職業にかかわらず、一人ひとりがその持てるモノや環境や能力を十分役立てることから始まるのではないでしょうか。

私たちは、自分の家にどれだけのモノを持っているでしょう。持ち数の把握は「ガラクタのない家」に近づく第一歩。引っ越しを機に全持ちものを数えると2777点。部屋ごとに数を記してあります。この数は平均より少ないと思います。数を知ることは、欲望を整理する枠にもなるのですね。

ダイニング
312点

余白を大切にしたダイニング

キッチンからリビングへ斜めに続くダイニングの壁を楽しみたくて、グレーのレンガ柄の壁紙を貼ってもらいました。廊下から入ってきて一番に目に入る場所で、今の暮らしの中心的なコーナーです。

これだけは、と新調したダイニングセットは、夫婦で悩みぬいた末に選んだウォールナット材。独特の木目と手触りがとても気にいって、私たちの「一《ひと》粒選《つぶよ》り」の家具になりました。

この明るい窓辺のコーナーは、食事をした後も新聞や本を読んだり、仕事の打ち合わせをしたり、お客様を招いたり、孫と遊んだりと一日中大活躍です。私たち2人で使うにはいささか大きい180㎝ですが、使ったものを片隅に寄せるのではなく、毎回すべて片づけて拭きあげたい。そうしていつでも次のことにフレキシブルに対応できたらと思います。

思えば新婚時代のこたつテーブルから始まり、丸テーブル、中古アンティーク、お下がりのダイニングセットを経て、5番目に出合ったのがこのテーブルです。嬉しいときも哀しいときも、誰かと一緒に食べたり語り合ったりすることで、温かく支えられてきました。これから先、このテーブルを囲んでどんなときが刻まれていくのでしょう。今度は私たちも少しずつ周りを支える側になれたらいいね、と話しているところです。

暮らしの中心となる部屋。心地よさを大切に。

ダイニングテーブルの横にあるパントリーを、思い出のコーナーに。夫に棚板を設置してもらい、下から古い順に収まるように。様々な「思い出」を、人が集う場所のそばに置くことで、これまで以上に皆で楽しめるようになりました。

思い出の品は身近に置く

わが家にパントリー（食品庫）は必要ないので、ここの物入れ上段には、防災リュックとクーラーボックスを。その下には可動棚をつけて、関わった記事の載った『婦人之友』などの雑誌、家族からの手紙やアルバムなど、いつでも見られるアーカイブコーナーにしました。

これまでは、思い出のものを押し入れや子ども部屋に分散していましたが、ダイニングテーブルの近くに集結することで、家族や親族、お客様といつでも楽しむことができます。段ボール箱などに入れないで、代謝よく保管していきたいと思っています。どんなに思い出があっても自分で思い出せるだけの分量でないと、意味がないと思うからです。

手元に残した新婚時代の『主婦日記』を読み返すと、一生懸命家庭のことに向き合っていた気持ちがよみがえります。

パントリー上段に置いている防災用リュック。夫婦2人分の衣類、スリッパなどは布袋に。非常時に役立つラップも1本入れてあります。

床下収納には、手づくりの味噌と梅酒以外は、非常用の水と食料を。賞味期限を見えるところに書いておけば、期限までに食べて、新しいものを入れられます（ローリングストック法）。

リビング
263点

モノよりも人が主役のリビング

キッチンからひと続きになったリビングは南に大きな掃き出し窓があり、レモンやブルーベリーを植えた庭に出られます。あまりに日当たりがいいので、通気と程よい遮光のできるスクリーンを探しましたが、サイズが特注になるのであきらめ、張りのあるネットカーテンにしました。

家具の配置は悩みどころでしたが、できるだけ大きな開口部を塞がないように、幅80㎝のライティングデスクはコーナーの壁際に。テレビ台は正面の腰高の窓の下に。和室側の壁際に150㎝幅のピアノがぴったり収まりました。

子ども部屋にあったときは次男しか弾かなかったピアノも、リビングに据えると孫やお客様が弾くことができます。私も1年で1曲くらいはマスターできるよう練習してみようかなと、密かに目標を立てました。この部屋で何をしたいかを考えながらモノを置きますが、置いたモノによって前向きに活用できるようになり、暮らしに変化も訪れるのですね。

リビングボードや飾り棚を置くこともできますが、夫婦でくつろぐだけでなく大勢が集まることを考えると、安易に床面を塞がないようによく考えたいと思います。食器が料理を引き立てるように、モノよりも人が主役の部屋でありたい。飾るよりもつい ガランとした空間をめざしてしまいます。

2面に窓がある伸びやかな空間が気にいっています。

木製のライティングデスクは、20年以上愛用のもの。パソコン、プリンター、用紙類ほか周辺機器もすべてここに。前面の扉を閉めれば、機器だけでなくやっかいなコード類も見えなくなるので、リビングの落ち着いた雰囲気を保つことができます。

リビングの持ちもの＆数 一覧表

＊基本の単位は、表記外は個、本

品名	数	単位
ワゴン	1	
リモコン	5	
テキスト	4	
地図・カタログ	2	
CD・DVD	55	
ブルーレイプレイヤー	1	
救急セット入れ	1	
包帯・滅菌ガーゼ	6	
絆創膏	1	箱
キネシオロジテープ	1	箱
消毒薬	1	
アレルギー薬	1	
風邪薬・胃腸薬	3	
傷用軟膏	2	
はさみ（小）	2	
とげぬき	2	
耳かき・爪切り	各1	
体温計・ピンセット	各1	
湿布薬	3	
マスク	2	
ボックスティッシュ	3	セット
氷枕カバー	1	
スピーカー	1	
置き時計	1	
毛バタキ	1	
延長コード	2	
ネットワーク無線機	1	
ケーブルの埃よけ箱	1	
桐の箱	1	
スケッチブック	1	
お絵かき用カレンダー	1	

品名	数	単位
折り紙	1	セット
知育玩具	4	
お絵かきセット	1	
知育プリント	1	セット
知育算数セット	1	セット
色鉛筆	1	
ノート	1	セット
かるた	2	
テレビ・テレビボード	各1	
エアコン	1	
クッション	2	
ソファ	2	セット
カーテン	2	
ピアノ	1	
ピアノの椅子	1	
照明	1	
壁時計	1	
パソコン（PC）ディスク	1	
FAX電話機	1	
プリンター	1	
印刷用紙	1	セット
住宅ファイル	5	
デジカメ	1	セット
温度計	1	
ビデオカメラ	1	
イヤホン	3	
携帯ラジオ	1	
メモ帳	2	
植物の種	2	袋
名刺入れ	1	
万年筆（インク）	5	

品名	数	単位
携帯マッサージ器	1	
ドライバーセット	1	
レターセット	1	
ミニ電卓	1	
ツボ押し	2	
眼鏡・眼鏡ケース	各1	
木箱	1	
ノートPC	2	
電卓	1	
掃除用はけ	1	
外付けスピーカー	1	
予備のCD-R	30	
カーテンフック	5	
メモリー	6	
孫のための鉛筆	12	
はさみ	1	
ボールペン・マジック	14	
ドライバー	3	
海外変換プラグ	1	
ハンディカメラ・一眼レフ	2	
三脚	2	
ネームランド	1	
FAXインクリボン	1	
外付けハードディスク	3	
写真印刷紙	3	セット
双眼鏡	1	
キーボード	1	
こたつのコード	1	
合計	263	

ダイニングの持ちもの＆数 一覧表

＊基本の単位は、表記外は個、本、冊

品名	数	単位
食卓	1	
食卓椅子	4	
照明	1	
飾り鏡	1	
合計	7	

ダイニング　パントリー

品名	数	単位
クーラーボックス	1	
防災リュック	1	
夫・妻の着替えセット	各1	セット
洗面セット	1	セット
マスク・絆創膏	各1	セット
懐中電灯・缶切り	各1	
手回しラジオ・携帯ラジオ	各1	
ロープ・防寒アルミシート	各1	
ラップ・ガムテープ	各1	
マジック	1	
エネループと充電器	1	セット
単三電池	4	
体ふき用ティッシュ	1	
タオル・手ぬぐい	6	
カイロ	2	
ビニールシート	1	
保存食	1	セット
缶入りパン	1	
非常用食品	2	
使い捨てカップ	5	
割り箸	2	
釣り用・登山バッグ	3	
ショルダーバッグ	3	
トートバッグ	4	
アルバム	15	
取扱説明書ファイル	6	
婦人之友	126	
育児日記	2	
家計簿・当座帳	各1	
主婦日記	6	
手帳	5	
母子手帳	3	
アメリカ留学時の日記	1	
自分の母子手帳	1	
友の会の名簿	14	

品名	数	単位
学研の記録ファイル	2	
カンザスの思い出ファイル	1	
子どもとの手紙ファイル	4	
子どもの思い出集	3	ケース
卒業アルバム	11	
卒業証書	2	
写真たて	2	
ホームビデオ（DVD含む）	1	箱
手紙	1	缶
結婚前の夫からの手紙	1	袋
記念写真	12	枚
賞状	5	枚
思い出の文集	12	冊
家族写真	4	
寄せ書きの色紙	1	
古いアルバム	4	
夫の卒論などのファイル	4	
結婚式の受付簿など	1	揃い
踏み台	1	
合計	305	

キッチン
904点

モノの〝住所〟を決めたキッチンに

キッチンは独立型ではなく、リビングからも見渡せます。東側の奥に勝手口があり、閉めたまま網戸にスライドできる通気のよいドアが便利です。

この勝手口前の間（P101写真）は、かつてはビールケースでも積んだのでしょうが、私は念願の住コーナーにしました。リビングからは死角になる壁際に縦型連結のごみ箱を置いて分別。モップなど掃除道具を置いたり、コードレス掃除機の充電をしたり、雑巾を外に干したり、動線もスムーズです。

キッチンはハの字に開いた形。以前から使っている食器棚に合わせて、白いシンプルなシステムキッチンにしました。幅が270㎝あるので、せっかくの作業スペースをつぶさないよう、普段は何も出しておかないようにしています。

驚いたのは調理台に小さな引き出しがないことでした。近ごろは大きな引き出しが主流で、中を仕切って使う裁量が問われるのですね。浅い引き出しには調理器具とカトラリー。一度開ければすべて見渡せるので、どこの引き出しに入れたか迷うことはありません。火元に近い深い引き出しは調味料。流しの下は、水まわりに使うざるやボウル。床に近い場所にはホットプレートや卓上コンロなど。

吊り戸棚に入れるものは、鍋を保温する調理グッズの鍋帽子だけです。

リビングダイニングから、すべて見通せるキッチンです。

調理道具とカトラリーは、この5つの引き出しに

幅1mの大きな引き出しが5段。シンク、調理台、火口へと左に移動するだけで調理が完結するので働きやすく、気にいっています。

右側下段。カセットコンロ、ホットプレートなど卓上で使うもの。箱から出して収納することで、出すのもしまうのも手軽です。

右側中段。ボウル、ざる、密閉容器など。

3

左側上段。わが家の全カトラリーと調理器具。調理器具には、入れたいものに合わせて、幅が変えられる「牛乳パックの仕切り」を使います（つくり方はP95）。左側から、下処理、計る、混ぜる、盛りつけと、使用する順に収納すると、パッと手に取れます。

4

左側中段。鍋類と調味料。ボトルのふたに、さ（＝酒）、し（＝醤油）、み（＝みりん）と書いておくと、迷わず取り出せます。調味料の手前は、密閉袋、ビニール袋、ラップ、ホイルを各1種類ずつ立てて収納。在庫はありません。

5

左側下段。ブレンダーやハンドミキサーも、箱から出してかごに入れるだけで、使いやすさが倍増します。なんでも、一目で見渡せることを心がけて。

食器、布巾、調味料などは、アイテムごとにスペースを分けて

幅の狭いストッカーは、前の家で使っていたもの。1段目は布巾とテーブルふきを入れます。

2段目はコーヒーや製菓材料。

お米は買ってきたら袋から出し、パッキンのついた3段目の引き出しに。5kgが一度に入ります。

食器は、家族もお客様もここにあるものをフル回転。右側上段には、かつて義母が孫のために用意してくれたお食い初めの器や、塗りのお椀など。いつでも使えるように箱には入れません。

上／食器棚の側面には、夫がつくった調味料棚。空き瓶を利用して、袋から入れ替えておくと、中身も残量も一目でわかるので、在庫を持つ必要がありません。
右／カラーボックスを利用して、料理書やニーダーを収納しています。実家で母が焼いていたパンの香りが忘れられず、結婚当初からずっと焼いてきました。このニーダーは２台目です。

キッチンの持ちもの&数 一覧表

＊基本の単位は、表記外は個、本

シンク収納

品名	数	単位
箸（来客用含む）	13	
箸置き	4	
スプーン・フォーク・ナイフ	各6	
スプーン（小）	10	
フォーク（小）	6	
バターナイフ	1	
レンゲ	3	
カニスプーン	5	
取り分け用スプーン	1	
マドラー	1	
子ども用カトラリー	4	
ストロー	8	
アルミカップ	1	セット
木のスプーン	6	
辛子用スプーン	1	
弁当箱・箸	各2	
スライサー	2	
大根おろし・生姜おろし	各1	
ピーラー	1	
大さじ・小さじ	各1	
計量カップ	1	
マッシャー	1	
あく取り	1	
茶こし	1	
泡だて器（大と小）	各1	
トング	1	
シリコンスプーン	1	
しゃもじ	1	
シリコン菜箸	1	
フライ返し・お玉	各1	
木べら（大と小）	各1	
めん棒・スケッパー	各1	
ベジタブルスライサー	1	
巻きす	1	
魚骨抜き・銀杏割り	各1	
うろこ取り	1	
ワインオープナー	1	
ケーキサーバー	1	
栓抜き	1	
はけ・パイカッター	各1	
両手鍋（26cm、28cm）	2	
片手鍋（14cm、17cm）	2	
フライパン（26cm）	1	
土鍋風アルミ鍋（IH）	1	
卵焼き器	1	
包丁研ぎ	1	
ボウル	6	
ざる	2	
ざる用トレー	1	
サラダスピナー	1	
やかん	1	
蒸し台	1	
三徳包丁・刺身包丁	各2	
パンナイフ	1	
小ナイフ	1	
花びん	5	
ホットプレート	1	

品名	数	単位
電磁調理器	1	
そば打ちめん棒	1	
そば切り板・包丁	各1	
卓上天ぷら機	1	
カセットコンロ	1	
たこ焼き器	1	
水筒	6	
酒類	4	
醤油・酒・みりん	各1	
酢	1	
ペッパーミル	1	
サラダ油	1	
胡麻油・オリーブ油	各1	
オイルポット	1	
ビニール	2	種類
ラップ・アルミホイル	各1	
キッチンペーパー	1	
ジップロック	3	種類
ケーキ型	4	
キャセロール	2	
蒸し容器	2	
バスケット	1	
弁当箱包み	6	
持ち帰り用プラパック	1	
食パン型	2	
パウンド型	4	
パウンド型（紙製）	1	パック
マフィンカップ	1	パック
マドレーヌ型（大）	12	
マドレーヌ型（小）	10	
マドレーヌカップ	1	パック
マルチブレンダー	1	
ハンドミキサー	1	
粉ふるい	1	
折り箱	1	
重曹	1	瓶
OX1	1	瓶
多目的クレンザー	1	
お掃除カード	1	
重曹水スプレー	1	
セスキ水スプレー	1	
消毒用エタノール	1	
消化器スプレー	1	
はさみ	1	
ボロ布	1	セット
レジ袋	1	セット
ごみ袋	1	
ガムテープ	1	
スモーク用缶	1	
せいろ	1	
鍋帽子（大・小）	2	
ピクニックセット	1	セット
アルミ皿	1	セット
ガラス密閉容器	23	
アルミ密閉容器	1	
ガラス保存容器	12	
ビン	2	
水きりラック	1	
洗剤入れ	1	

品名	数	単位
石けん・石けん入れ	各1	
食器用洗いネット	1	
たわし	1	
台ふき	1	
タオル・タオルかけ	各1	
まな板・まな板ラック	各1	
ペーパーホルダー	1	
ティッシュホルダー	1	
ボックスティッシュ	1	
合計	307	

調味料棚

品名	数	単位
コーヒー・クリープ	各1	
紅茶・ほうじ茶	各1	
片栗粉・コーンスターチ	各1	
ベイリーフ・唐辛子	各1	
黒胡麻・白胡麻	各1	
はちみつ・ざらめ	各1	
砂糖・塩・胡椒	各1	
和風だし・小麦粉	各1	
ラップ	1	
合計	18	

カラーボックス

品名	数	単位
料理書	15	
レシピカード	3	束
はかり	1	
紙ナフキン	1	
つまようじ	1	
水筒のパッキン	1	
子ども用ペットボトルキャップ	1	
ラッピング用袋	5	種類
ビニタイ	1	セット
保存容器（大）	1	
ニーダー	1	
合計	31	

ストッカー

品名	数	単位
布巾・台ふき	各3	
手ふき	6	
子ども用エプロン	1	
製菓用洋酒	2	
重曹	1	
粉糖・きび砂糖	3	
バニラオイル・シナモン	各1	
ゼラチン・ココア・BP	各1	
薄力粉・強力粉	各1	
コーヒー	1	
米	1	
素麺・うどん・スパゲティ	6	袋
焼き海苔	1	
ツナ缶	2	
合計	37	

キッチンの持ちもの＆数 一覧表

＊基本の単位は、表記外は個、枚、本

食器棚

品名	数	単位
お食い初め食器セット	2	セット
汁椀（ふたつき）	6	
煮もの椀	5	
三段重	1	
ステンレスコップ	5	
ガラスコップ	11	
ガラスティーカップ	5	
ワイングラス	2	
シャンパングラス	5	
ガラス計量カップ	1	
ガラス小鉢	2	
ガラスサラダボール	5	
つまようじ入れ	2	
辛子入れ	1	
菓子入れ用カゴ	1	
保存ケース・缶	4	
おちょこ	7	
コースター	27	
ティーポット・きゅうす	各1	
とっくり	2	
マグカップ	6	
ティーカップ	2	
湯呑み	8	
子ども用コップ	1	
コーヒーカップ（3種）	14	
スープカップ	6	
ケーキ皿	12	
豆皿	9	
小皿	5	
どんぶり	5	
お茶碗	3	
汁椀	2	
カレー皿	2	
平皿	6	
大皿	3	
子ども用皿	1	
角皿	6	
角皿（深）	6	
楕円皿	9	
中皿	5	
小皿	7	
中鉢	7	
おしぼり置き	2	
チーズカッティングボード	1	
木のトレイ	1	
木製の皿	4	
大皿	7	
ガラスサラダボール	1	
盛り皿・菓子皿	3	
コーヒーポット	1	
電子レンジ	1	
お盆	2	
ランチマット	12	
パンボード	1	
ヨーグルトメーカー	1	
ミキサー	1	
保温ポット	2	

食器棚引き出し

品名	数	単位
オニクリップ（大）	1	セット
カッター替え刃	2	
はさみ・のり	各1	
紙テープ・セロテープ	3	
ホチキス・ミニホチキス	各1	
鉛筆削り	1	
爪切り・耳かき	各1	
物差し	5	
コンパス	1	
レタースケール	1	
バッグホルダー	1	
本棚のビス	1	
指サック	1	
マスキングテープ	3	
両面テープ	2	
養生テープ（小）	1	
付箋	6	セット
カードリング	1	セット
押しピン・安全ピン	各1	セット
ゼムクリップ	1	セット
ホチキスの芯	1	箱
切手	2	種類
タイマー	1	
メモ紙	1	セット
輪ゴム	1	セット
カラーペン	4	
筆ペン	2	
鉛筆	2	
ボールペン	6	
シャーペン	1	
マジック	4	
消しゴム	1	
シャチハタ	2	
修正テープ	1	
巻き尺	1	
教会用バッグ	1	
聖書	1	
讃美歌	1	
紙袋	3	
ラッピングバッグ	2	
クリアケース	1	
空き封筒	14	
祝儀袋　予備	4	
ポチ袋	5	種類
一筆箋・便箋	9	
レポート用紙	1	
カラーマジック	1	セット
封筒	6	種類
シール	1	セット
クリアファイル	2	
絵葉書	5	
写真	12	
もらった手紙	1	ケース
ミニアルバム	1	
書類ケース	2	
カードボックス	1	
名刺	1	
ショップカード	1	
診察券	1	
ハンドクリーム	1	
眼鏡・眼鏡ケース	各2	
財布	1	
ペンケース	1	
領収書ファイル（光熱費）	1	
家計の保存用缶	1	
年金書類ほか	4	
税金関係	1	セット
印鑑など	2	セット
手帳	2	年分
名簿	2	
レシピファイル	1	
仕事ファイル	2	
家計ファイル	1	
友の会ファイル	3	
クリアファイル（予備）	17	
進行形のフォルダー	9	
領収書フォルダー（医療費）	1	
領収書フォルダー（仕事）	1	
来年のカレンダー	1	
合計	463	

キッチン奥

品名	数	単位
充電式掃除機	1	
充電器・フィルター	各1	
フローリングワイパー	1	
埃とり	1	
古新聞	1	
分別ごみ箱（4分割）	1	
物干しスタンド	1	
洗濯ハンガー	1	
合計	9	

床下収納

品名	数	単位
手づくり味噌	1	
梅酒	1	
〈備蓄〉		
水　2ℓ	16	
カセットボンベ	4	
レトルト	4	
フリーズドライ	4	
缶詰	3	
塗り盆	1	
合計	34	

品名	数	単位
食器棚	1	
ストッカー・棚	2	
カラーボックス	1	
冷蔵庫	1	
合計	5	

和室と押し入れ538点

和室は公のスペース

和室は、リビングからも廊下からも引き戸で入れます。出窓には障子があり、床の間が2つに分かれていますが、掛け軸も仏壇もないので、どう使っていいのかわかりませんでした。ふと思いついて長男から預かっているレコードボックスを横にしてみたら80㎝の床の間にぴったり入り、ターンテーブルやスピーカーも収まりました。

畳は以前と同じフチなしの琉球畳に。夫が転がって本を読みながら、長男の集めたレコードを聴いて楽しんでいると、孫が降りてきて踊ることも。寒い間はこたつでくつろいだり、コルク積み木やレゴブロックを広げるのにもちょうどよいスペースです。

和室は公のスペースと考えて、1間の押し入れには私たちのものは入れないことにしました。来客用の寝具3組、ストーブ、扇風機、孫のおもちゃなど。空きスペースには客用のスーツケースも入ります。子どもが小さかったころは、押し入れの下段をおもちゃ入れにしていたので、昼間は空いた押し入れで遊んでいたことを思い出します。埃の溜まりやすい下段は特に、掃除しやすい状態にしたいですね。

収納があると何かを入れなくてはもったいないような気がするのは、収納に支配されているせいかもしれません。置くべきものがないのなら、自由な余白として開けておくのも気持ちいいものです。

右／押し入れの中も、すっきり収納を心がけて。寝具類は、シーツのいらない敷きパッドや、毛布のいらない掛け布団カバーなどを使って持ち数を減らし、手入れも楽になりました。
右下／本棚には、夫と私の愛読書を収めています。下段の絵本は、今は孫が読んでいます。本は大好きですが、枠を決めないと無尽蔵に増えていくので、手元に残してくり返し読みたいもの以外は古本屋へ。

和室と押し入れの持ちもの＆数 一覧表

＊基本の単位は、表記外は個、枚、台

和室

品名	数	単位
照明	1	
壁時計	1	
本（実用書）	114	
本（絵本）	108	
本（読み物）	22	
年賀状	3	年分
こたつ	1	
記録ファイル	18	
ターンテーブル	1	
スピーカー	2	
レコード	151	
レコードボックス	1	
本棚	1	
合計	424	

押し入れ

品名	数	単位
敷き布団	3	
掛け布団（羽毛）	2	
毛布	1	
夏掛けダウンケット	2	
ホットカーペット	1	
ホットカーペットカバー	1	
ストレッチポール	1	
敷きパッド	3	
レゴ	2	ケース
知育玩具	10	セット
積み木	1	箱
人形	22	
ぬいぐるみ	5	
玩具	5	
ボードケース	1	
裁縫道具	1	
パンヤ（綿）	1	
刺繍糸	1	箱
アクリルたわし糸	1	箱
端布	15	
ミシン糸	22	
刺繍糸	1	袋
ゴム	1	袋
紐・テープ	1	袋
ヒーター（電気）	1	
扇風機	3	
サーキュレーター	1	
マッサージ（足）	1	
衣装ケース	4	
合計	114	

初めてこの部屋に泊まったのは、広島から新居を訪ねてきてくれた私の両親でした。

寝室
39点

開放的な寝室と書斎コーナー

玄関から廊下を右に進むとトイレ、洗面所、キッチン、リビング、和室といった昼間の活動エリアですが、左側にあるのが12帖の寝室です。

寝室は半地下の駐車スペースの上に位置しているので、玄関フロアから低い階段を5段上がった位置にあります。夜中に目覚めたときにも危なくないように、廊下の天井ライトを人感センサー付きのLEDに変えました。

この部屋には一面だけ柄のある壁紙を貼ってもらいました。寝具は新婚時代からずっとスペースを取らないダブルベッドだったのですが、初めて購入したツインベッドは互いに寝返りも気にならず熟睡できます。今のところ、他に置くものもないのでひたすら開放感を味わっています。大きな出窓から外の様子が見えるよう、マジックミラーのシートを貼りました。これで昼間にカーテンを引かなくても、外から室内が見えません。夜はスクリーンかシャッターを下ろします。

寝室の奥にあるつくりつけの書斎コーナーは、アイロンをかけたり、ミシンをかけるのに最適です。逆に私がリビングで接客中でも、夫はこのプライベートな空間でパソコンや読書にふけることができます。25年前にこの家を建てた人のこだわりがそここに感じられて本当におもしろい家です。

上／下に収納がついているタイプのベッドなので、季節外の寝具はここに収めています。

左／写真左手がウォークインクローゼット。右手に書斎コーナー。こんなにゆったりした空間で寝られる日がくるとは、思っていませんでした。これから書斎コーナーも楽しんで使いたいと思います。

クローゼット
324点

ひと目で見渡せる状態に

寝室の一角にあるウォークインクローゼットは、初体験ゾーンです。埃の吹き溜まりにならないよう、こまめに通気、掃除を心がけたいと思います。

今となっては唯一残った嫁入り道具の和ダンス(下半分)は重くてかさばりますが、夫が処分をためらったので持ちこみました。最近の衣装ケースの方が軽くてたくさん入りますが、夫は使い慣れたタンスの引き出しが一番と言います。確かにプラケースより埃やカビを呼びにくいかもしれませんね。

右奥に和ダンスの引き出しが鎮座したので、残りの幅2mをどう仕切るかが思案のしどころでした。壁にポールを固定してしまうと変えるのも難しいので、天井に固定できるパイプハンガーを設置しました。ハンガーにかけて保管したいコート、礼服、スーツ、シーズンのはおりもの、ワイシャツやブラウスがひと目で見渡せます。オフシーズンのものはカバーをかけます。これまで同様、Tシャツやセーター、ジーンズはたたんだ方が場所を取らないので引き出しにしまいました。

着物は震災後に寄付して減らし、振袖、喪服、義母からの大島紬だけを小物とセットにしてベッド下の引き出しに保管しています。祖母が40年前に選んでくれた私の振袖は、親族で大切に着回してきました。孫娘が着てくれる日が楽しみです。

「1アイテム5点主義」を実践

アイテムごとに写真を撮ってリストに。こうしておくと、80点の衣類をすべて把握できます。ボトムは黒やグレー、紺などが多いので、トップは色みのあるものを揃えるようになりました。

寝室の持ちもの&数 一覧表

＊基本の単位は、表記外は個、枚

品名	数	単位
照明	4	
置時計	2	
ベッド	2	
椅子	1	
ミシン	1	
本	10	
アイロン・アイロン台	各2	
壁掛け鏡	1	
羽毛布団	2	

品名	数	単位
ボア布団カバー	2	
シーツ	1	
まくら	2	
まくらカバー	2	
マルチカバー	1	
振袖	1	
喪服	1	
大島紬	2	
合計	39	

クローゼットの持ちもの&数 一覧表

＊基本の単位は、表記外は個、枚

妻のもの

品名	数	単位
ノースリーブ	5	
Tシャツ	5	
春夏シャツ	5	
秋冬シャツ	5	
カーディガン	5	
長袖ニット	5	
セーター	5	
ジャケット	5	
スポーツウェア	5	
スポーツアウター	5	
コート	5	
ワンピース（礼服含む）	5	
厚手ニット	5	
春夏ボトム	5	
ジーンズ	5	
秋冬ボトム	5	
衣類A 合計	80	

品名	数	単位
大判ショール	5	
マフラー・スカーフ	7	
ベルト	1	
日よけ帽	1	
手袋	1	
旅行用巾着袋	1	
アンダーウェア	15	
パジャマ	6	
ソックス	22	足
ストッキング・タイツ	8	足
エプロン	10	
孫用エプロン	2	
スモックエプロン	2	
三角巾	2	
エプロン用巾着袋	1	
ハンカチ	9	
風呂敷	5	
手拭い	2	
毛玉カッター	1	
登山用ヤッケ	1	
コルセット	1	
スーツケース	1	
タンス	1	
衣装ケース	2	
衣類B　合計	107	
総計（A+B）	187	

夫のもの

品名	数	単位
スーツ	8	
礼服	2	
ブレザー	2	
ワイシャツ	10	
Tシャツ	4	
ポロシャツ	6	
半袖シャツ	3	
スポーツ用半袖シャツ	5	
長袖シャツ	5	
長袖カラーシャツ	2	
短パン	6	
スラックス	4	
ズボン	9	
ネクタイ	9	
ベルト	4	
マフラー	2	
野球ジャンパー	2	
フリースジャンパー	2	
フリースベスト	1	
フリースシャツ	1	
ジャンパー	4	
パーカー	2	
コート	3	
ダウンベスト	2	
山歩き用ジャケット	1	
靴下	19	足
パジャマ	6	
スポーツタオル	1	
サポーター	1	
手袋	1	
スポーツ　アンダーウェア	1	
上下ジャージ	1	
長袖スポーツシャツ	1	
コルセット	1	
山歩き用トレッキングパンツ	1	
短パン	3	
水着セット	1	
スーツケース	1	
合計	137	

玄関
161点

心地よさは玄関から

アプローチを上がって玄関ドアを開けると、開放感いっぱいの玄関ホールです。たたきが広く「ベビーカーをたたまなくていいから助かる」と娘たちも喜んでいます。吹き抜けの空間にぶら下がった照明の電球はLEDに変えましたが、さすがのオムコさんも脚立に乗らないと届かない高さでした。

つくりつけの下駄箱にはNationalの文字が。古くてもしっかりした造りなので、そのまま右の低い方を私たち夫婦が、左の高い方を娘一家が使うことにしました。私の靴8足と、夫の靴10足が収まり、折りたたみ傘も入りましたが、外出の際に持ち出す鍵、腕時計、ハンカチ、ティッシュ、防災ポーチなどの小物を入れるところがありません。

結局、前の家で玄関に置いていた5段の引き出しをそのまま使うことにしました。サイズもテイストも合っていないので、そのうちもう少しコンパクトに収める方法を探りたいと思います。

玄関正面は3階まで続くらせん階段。その下のスペースにつくられた物入れは、コートを掛けるクロークとして使えるようになっています。ここは2世帯の共有部分にしています。玄関は2階の廊下からも見下ろせる位置にあるので、靴を見ればお互いの来客のあるなしはもちろん、帰宅したかどうかもわかるので安心です。

共有スペースの玄関。皆が気持ちよく使えるように、娘家族も、玄関に出しっぱなしをしないように気をつけて生活しています。私たちの下駄箱の上は、娘夫婦が季節の催事に合わせた飾りつけをして、楽しませてくれます。右端の白い引き出しには、玄関で必要な小物類を入れています（詳細はP60）。

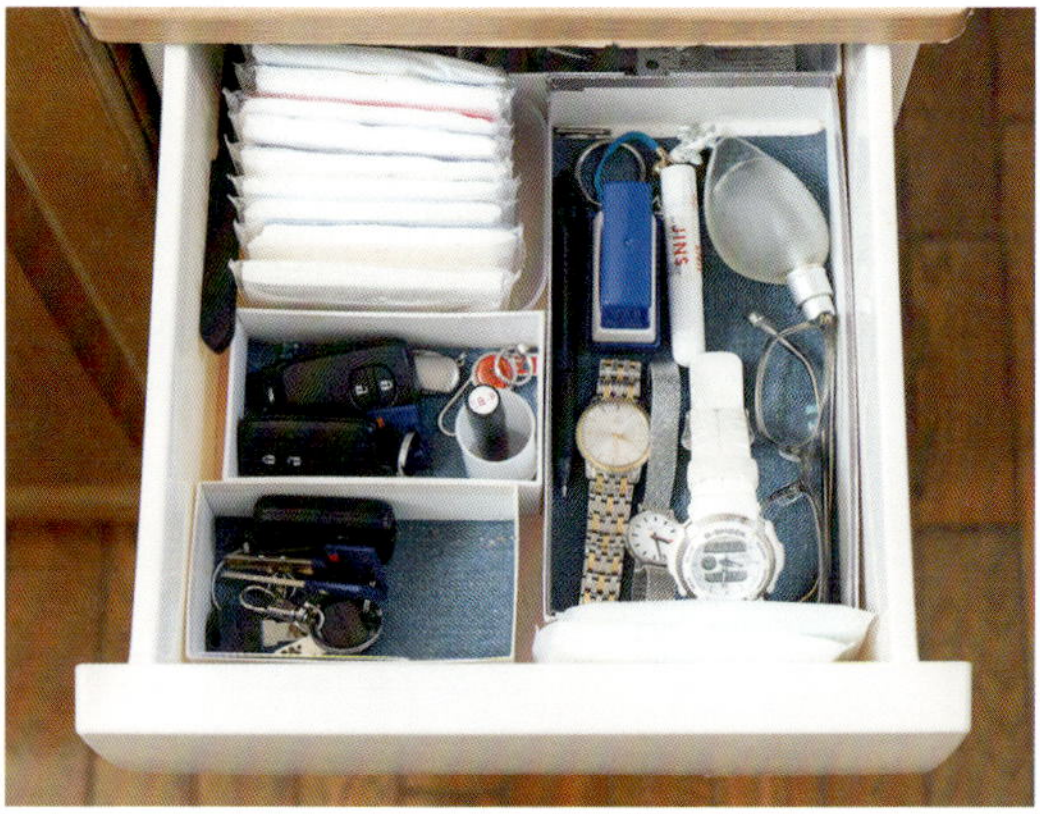

玄関の5段引き出しは、共有の小物入れに

外出時に必要な時計、車のキー、ポケットティッシュは娘たちと共有です。

エコバッグ、懐中電灯、私のハンカチ。

ガムテープやミニ工具など。置き場所に困る使用済み電池入れもここにつくり、ゴミ捨ての際にさっと持ち出します。

靴磨き道具、防水スプレー、虫よけスプレー、軍手など、外回りの仕事をするときに必要なものはここに。

来客用のスリッパ。汚れがつきにくいように、中面同士を合わせるように組みます。

玄関の持ちもの&数 一覧表

＊基本の単位は、表記外は個、枚、本、台

品名	数	単位
妻の靴		
パンプス	2	足
スニーカー(トレッキング)	3	足
ブーツ	2	足
サンダル	1	足
夫の靴		
革靴	4	足
スニーカー	2	足
登山靴	2	足
ゴルフ	1	足
長靴	1	足
下駄	1	足
長傘	4	
折りたたみ傘・日傘	7	
傘立て	1	
スリッパ	2	
レインコート	2	
靴べら	1	
置き時計	1	
照明	1	
ほうき	1	
5段ケース	1	
鍵類	6	
印鑑	1	
腕時計	3	
眼鏡	2	
宛名消し	1	
ボールペン	1	

品名	数	単位
レターオープナー	1	
香水	1	
ポケットティッシュ	10	
ハンカチ	9	
懐中電灯	1	
メジャー	2	
携帯充電	1	
外出セット	1	
エコバッグ	1	
サングラス	1	
UVクリーム	1	
テープ	8	
チャッカマン	1	
はさみ	1	
荷造りテープ	1	
ドライバーセット	2	
電池　単1	34	
使用済み電池入れ	1	
エネループ	1	
電池の残量計	1	
来客用スリッパ	4	
防水スプレー	1	
靴磨き道具	11	
はさみ	2	
虫よけ	2	セット
結束バンド	1	巻
ワイヤー	1	
合計	155	

玄関まわり

品名	数	単位
プランター置き	1	
脚立	1	
自転車空気入れ	1	
じょうろ	1	
移植ごて	1	
自動車	1	
合計	6	

洗面所と浴室
145点

風通しよく明るく清潔に

浴室に続く洗面所は、たくさんの収納棚や腰かけがありましたが、すべて撤去してもらうと壁面が出て一層明るくなりました。小窓の前に洗濯機を、手前には洗面台を設置。洗面台は、掃除のラクな壁つき型の蛇口で、左右の鏡が内側に開いて三面鏡になることを条件にシンプルなものを選びました。

右側に夫のケア用品、左に私の化粧品、中央に共通の歯磨き用品、歯間ブラシ、マウスウォッシュ、綿棒、ティッシュ。下の引き出しは、キッチンと同じく大きいものが2段で、仕切りがありません。一度開けたら見渡せるというのが昨今の主流なのですね。それにしても、なんと広い収納でしょう。洗面台に必要なものがそんなにたくさんあるでしょうか。

ここに必要なものは、浴用タオル（バスタオルは使わないことに慣れました）、客用タオル、下着、ドライヤー、洗濯洗剤と用具、水回りの掃除用具、エコ洗剤スプレー、捨て布、ゴミ箱くらいです。基本的に洗剤やシャンプーのストックは置かないので、十分なスペースがあり、前の家で使っていたタオルや下着を入れる収納庫は不要になりました。

浴室も風通しがよく、入浴後に各自が壁と床にスクイジーをさっとかけておくだけで、カラリと乾きます。鏡は一番小さい楕円形、クエン酸スプレーをかけてふくのも簡単です。

タオルや洗濯かご、洗面台を洗うナイロンたわしも、白で統一しています。

ボディーソープやシャンプーは、合うものを決めたらそれを愛用。種類を多く持たなければ、在庫管理の手間も省け、用品が少なければ掃除も楽です。

洗面台下の引き出し。バスタオルをやめて、各自1枚ずつの浴用タオルを使用。洗濯も毎日気兼ねなくできます。ふたつきのかごには、夫婦の下着類。ポーチには化粧品が一揃い。泊まりがけで出るときには、これ1つをさっと持って。

洗面所・浴室の持ちもの&数 一覧表

＊基本の単位は、表記外は個、本、台

洗面所

品名	数	単位
歯磨きブラシ	2	
歯磨き粉	1	
歯間ブラシ	1	セット
コップとコップ立て	各2	
ハンドソープ	1	
ネットたわし	1	
うがい薬	1	
マウスウォッシュ	1	
綿棒	1	セット
ティッシュ	2	箱
電動シェーバー	1	
手動シェーバー	2	
はさみ	2	
鼻毛カッター	1	
ひげ用ジェル	1	
ヘアオイル	1	
ヘアスプレー	1	
ハンドクリーム	1	
除光液	1	
スキンケアクリーム	1	
ネックレス	8	
イヤリング	1	
ブレスレット	1	
ヘアブラシ	1	
チークブラシ	1	
まゆライナー	1	
リップブラシ	1	
リップペンシル	1	
アイライナー	1	
リップグロス	1	
下地・ファンデーション	各1	
チーク	1	
口紅	2	
コンシーラー	1	
リップクリーム	1	
パフュームオイル	1	
マニキュア	1	
眉毛そり	1	
タオル（浴用）	8	
ドライヤー・ヘアアイロン	各1	
下着入れ	1	
下着5枚ずつ	10	
散髪セット	1	
旅行用サニタリーセット	1	セット
ごみ箱	1	
洗濯洗剤	1	
洗濯ネット	2	
雑巾・捨て布	12	
洗濯ブラシ	1	
ストッキングネット	1	
石けん	1	
掃除用スポンジ	4	
窓の桟用のブラシ	1	
掃除用古歯ブラシ	2	
排水管用ブラシ	2	
鏡用スポンジ	2	
セスキ	1	
重曹	1	
クエン酸	1	
オセダポリッシュ	1	
ファブリック用スプレー	1	
クエン酸スプレー	1	

品名	数	単位
セスキスプレー	1	
オセダスプレー	1	
漂白剤スプレー	1	
収納ケース	6	
電気ストーブ	1	
体重計	1	
踏み台	1	
珪藻土バスマット	1	
雑巾	1	
脱衣かご	1	
置き時計	1	
洗濯機	1	
照明	1	
合計	131	

浴室

品名	数	単位
照明	1	
洗面器	1	
椅子	1	
スクイジー	1	
フック	3	
風呂ふた	1	セット
鏡	1	
観葉植物	1	
シャンプー	1	
コンディショナー	1	
ボディーソープ	1	
フェイスウォッシュ	1	
合計	14	

ふだんの化粧品はここに。浅い引き出しには、ネックレスなど仕切りを使って。

洗濯用品、掃除道具の引き出し。洗濯洗剤は、ミヨシの液体石けん。使いきったら、次を買いに行きます。浴室も台所も、掃除の溶剤は重曹、セスキ、クエン酸があれば事足ります。ふたつきの四角い箱は、ゴミ箱。

トイレ
19点

個室としてのトイレ

トイレと言えば、団地住まいの頃、手洗いタンクの排水の穴にビー玉が詰まって水があふれ、階下まで水漏れした苦い思い出があります。夫婦だけになった今、この空間だけはアクセントカラーに紅色を使いたいという夫の希望で、手洗いコーナーの壁紙をセレクトしました。モノトーンの多い家の中ですが、狭い空間ならではの冒険です。

トイレマットやスリッパを、清潔に保ち続けるのは至難の業。トイレも小さな個室と考え、使用をやめました。トイレブラシは以前から、吸盤でタンクの側面につけるタイプを使用。床置きがないので、隅々まで掃除がラクにできますよ。

トイレの持ちもの＆数 一覧表

＊基本の単位は、表記外は個、枚

品名	数	単位
照明	2	
トイレットペーパー	3	
ペーパーホルダー	1	
捨て布	6	
タオル	2	
香水	1	
臭い消しスプレー	1	
トイレブラシ	1	
置き時計	1	
カーテン	1	
合計	19	

清潔を保つための掃除がしやすいように、シンプルにしています。

納戸
72点

家を守るコックピット

廊下の納戸は約3帖の広さがあり、玄関にも近いので、重い工具やスポーツ用品置き場には最適です。夫が管理する家屋のメンテナンスやDIYに使う工具類、ゴルフバッグ、スポーツ用品、季節の飾りなどを、かつて本棚として使っていた木製の棚に、種類別に収めています。工具類は、娘一家と共有なので、よりわかりやすく分類していく予定です。

夫はこれからも、たいていの補修は自分たちで楽しみながらすることを、孫たちにも伝えていきたいと思っているようです。高いところはオムコさんの協力を得ながら、怪我のない範囲でしてくれたらと思っています。

納戸の持ちもの&数 一覧表

＊基本の単位は、表記外は個、本

品名	数	単位
灯油ストーブ	1	
キャンプ用チェア	3	
キャンプ用マット	1	
ハンモック	1	
障子紙	1	
網戸補修セット	1	セット
結露防止ヒーター	1	
突っ張り棒	1	
釣り竿セット	2	セット
レールカバー	6	
1m物差し	1	
蛍光灯（予備）	1	
缶バケツ	1	
棚	1	
干物用ネット	1	
発泡スチロール箱	1	
釣り道具セット	1	セット
野球グローブ	1	
懐中電灯	1	
電気虫よけ・蚊取り線香	2	
DIY用板材	4	

品名	数	単位
錆止めスプレー	1	
延長コード	8	
S字フック	6	
マグネットフック	2	
コンセントタップ	3	
カゴ	1	
新年用お飾り	1	
自転車メンテナンスキット	1	セット
工具セット	2	
サンドペーパー	1	袋
ボンド・へら	2	
たこ糸	1	
家具滑りシート	1	
下地探しセンサー	2	
屋外用スポットライト	2	
ドリルセット	1	
グラインダー	1	
つなぎ	1	
ペンキセット	1	セット
チャージャー	1	
合計	72	

前の家では庭の物置に入れていましたが、家の中に広々とした工具置き場ができ、夫も喜んでいます。

夫とオムコさんが愛用している工具類。白いつなぎは、夫のお父様から引き継いだもの。

私の「片づけ訪問」から
——これまで200軒以上の片づけをして

いつの頃からか「片づかないのよね～」と言われると、すぐにでも飛んでいきたい性分になりました。仕事のスキマを見つけては駆けつけて、とにかく一緒に手を動かしていると「必ずよくなる」、こんなに楽しいことがほかにあるでしょうか？素人ながらたくさんのお宅にうかがって、家の中が変わることで帰りにはキラキラの笑顔を見せていただけるのがなによりのご褒美で、私の唯一の趣味でもありました。とうとうアドバイザーの資格を取って本業になったのは、ここ数年のことです。

モノや情報があふれる中で翻弄されて、処理が追いついていないだけかもしれませんが、今こそたくさんの「知識」を「意識」に落としこむ必要があるのではないでしょうか。たとえば「安いから買う」のでなく「必要だから買う」に意識を変えるだけで、余白が生まれてきます。そしていつからでも暮らしを変えることができるのです。これからも、その後押しをお手伝いできたら嬉しいです。

Mさん宅で「だ・わ・へ・し」片づけ

30代のMさんは、築浅のマンションで、夫と2歳の娘との3人暮らしです。「平日は8時半～17時まで仕事で、いつもバタバタしています。ものが出ている状態は、本当は嫌ですが、ものを減らせないのです」と、悩みを打ち明けてくれました。「毎日がうまく回らないのも、休日、家事が午前中で終わらないのも、なんとかしたい。子どものためにも、もっとよく暮らしたいし、変わりたいです」とも。そこで、Mさんが一番片づけたいというキッチンの「だ・わ・へ・し」に取りかかりました。

「だ・わ・へ・し」前。調味料やスポンジなどが収まりきらず、雑然と見える。

「だ・わ・へ・し」とは？

だ → すべてを **出す**

わ → 種類別・目的別に **分ける**

へ → 使うものだけを選んで **減らす**

し → 枠を決めて、出し入れしやすく **しまう**

その在庫、必要ですか？

上／上の棚には食材のストックが。「気になる調味料があると買ってしまって……」とMさん。　下／調理台に置かれた調味料や食材。片づけると調理スペースが広がるはず。

キッチンに入ると目に入るのは、調理台に出ている調味料、飲みもののボトルや食材の数々。調理台の背面にあるストッカーには食品の在庫がぎっしり、その上にはジャムやお茶類が並びます。収納棚からは袋類や消耗品があふれ、シンク上下にある棚を開くと、ここにも食材や消耗品などがいっぱいに詰まっていました。

また、ガス台下の扉はゴミ箱にふさがれて半分しか開かなかったため、Mさん自身も中に入れていたものを忘れていたようです。

M――わぁ、こんなにたくさん在庫があったんですねえ。

井田――珍しいものがたくさんあり

５段のストッカーは食材入れ。使いかけと新しいものが混在している。

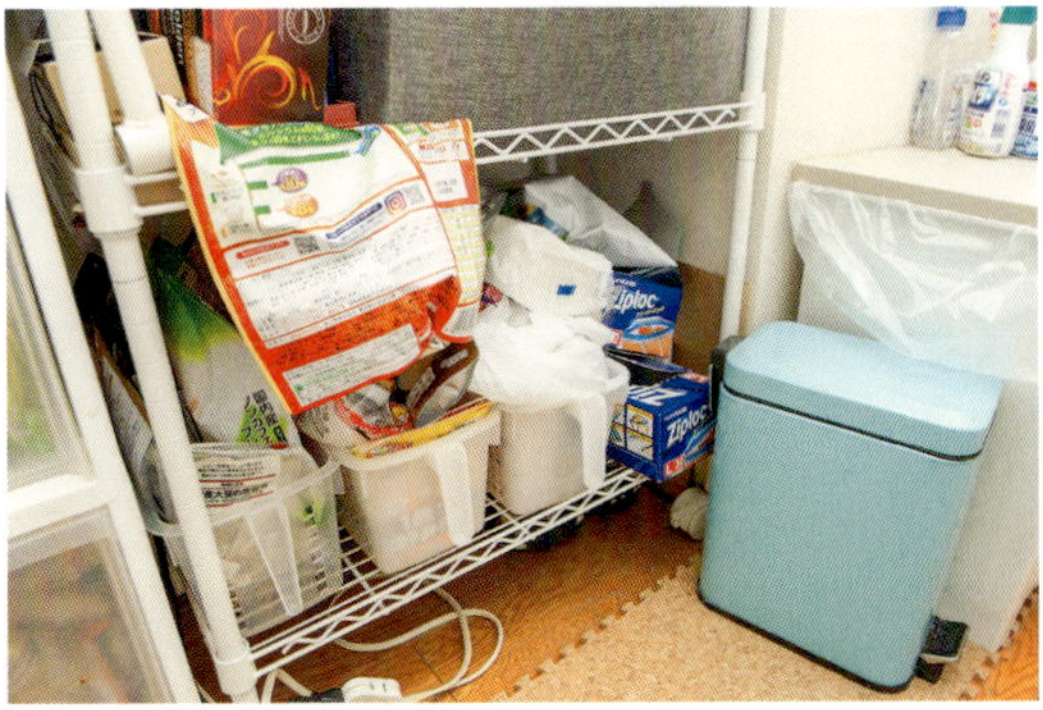

上／あまり開けていなかったというガス台下の棚は、同じ消耗品が何袋も。　下／収納ラックも消耗品や食材のストックであふれそうになっている。

ますね。お料理が好きなのかしら？

M――はい、わりと好きですね。あと、買うことも好きです。仕事帰りに寄ったスーパーで、新しい調味料を見つけるとつい買ってしまったり、在庫があるのにセールになっている消耗品を買ってしまったり。ストレス発散をしているのかもしれません。

井田――ストレス発散のために買っても、使いきれなくてかえってストレスを溜めてしまうのはもったいないですね。消耗品は数を把握しやすいように、よく開ける引き出しに入れて、使いきってから補充する習慣をつけるといいですよ。

「だ・わ・へ・し」しましょう！

だす

わける

上／「出す」。小さなキッチンから想像以上の食材が出てきてびっくり。　下／「分ける」。左手前・菓子、左奥・主食類。中手前・乾物、中奥・レトルト、缶詰。右手前・飲みものと嗜好品、右奥・調味料。

今回は食品在庫を中心に「だ・わ・へ・し」をします。

だ「出す」

なにをどのくらい持っているのか把握するため、収納場所からすべてを出して並べます。部屋に広がった食品を見て、「こんなにあったんですね」と驚くMさん。

わ「分ける」

食材は、家計簿の食費の中の3つの費目に合わせて分けるとよいでしょう。

①**主食**＝米、麺類、粉類など

②**副食物**＝乾物、レトルト、缶詰、菓子類

③**調味料**＝調味料全般、飲みもの、嗜好品類

へらす

上／「減らす」。賞味期限の過ぎているものを思いきって処分したら、これだけに。　下／賞味期限切れの食品を並べるとこんなに。
左／すべての賞味期限を確認し、「減らす」を実践中。

へ「減らす」

食材は、賞味期限のチェックを目安のひとつに。1点ずつ確認すると、期限切れが次々と。

井田――どれだけあるかを把握していないと、消費しきれなくてムダになってしまいますね。また、家族の食べる量を知って買い物をすることも大事です。誰でも捨てるのは胸が痛みます。今後、このような思いをしないように、考えてから買うようにしましょう。

「取り出しやすく、戻しやすく」しまう

置き場所を決めることは、今後の生活スタイルを決めること。自然と目も真剣に。

「出す・分ける・減らす」を経て、最後は「しまう」です。種類別、目的別に分けた分類に従って、置き場所を決め、使い忘れが出てしまわないように収めます。

調味料は、調理台の上に出ていた使いかけ、散在していた在庫を、調理台下の深い引き出しに一括収納。

井田——これで、調味料がどれだけあるかわかりますね。一目で全量を把握できると、買い過ぎを防げます。

M——本当だ！　もう、当分買わなくていいですね。

しまう

ストッカーの上は炊飯器置き場にして、見た目もすっきりと。電子レンジ下のラックは、お菓子置き場に。あえて外から見えない紙袋で収納ケースをつくり、娘の目に触れないようにした。

ストッカーやラックからはみ出し、使いにくかった食材置き場。

調味料はすべて、調理台下の深い引き出しにまとめて。調理台にあった使いかけの塩や砂糖、スパイスは、吊り棚に。

上の2段には、毎朝使う紅茶やコーヒーのパック、ジャム類。一番下は、麺類のストックと、使用頻度と種類を考えて収めた。

目からの刺激が多いと疲れるので、カラフルなものは控える

上／壁にまで、たくさんの色があふれていたキッチンまわり。
下／1カ所にまとめると、多少の色も気にならなくなる。

最初にキッチンに入って目についたのは、ピンクやブルー、黄色のスポンジや洗剤でした。たくさんの色が目に入ると、落ち着かない印象です。アレルギーのある娘さんを思って、大人と子どものスポンジを分けているとのこと。それならばと、スポンジや洗剤は1カ所に集め、色が目立たないようにしました。

調理器具やカトラリーもカラフルですが、好きな色を1色決めて揃えると、全体がすっきり見えます。

調理台の引き出し。景品やいただきものの、使っていないカラフルな調理器具も含まれていた。

使っていないもの、好みに合わないものは減らし、カトラリーは食器棚の引き出しに移し、取り出しやすく。

食材は、かさばるパッケージから出して引き出しにしまうと衛生的。

食器棚左下にあった炊飯器をレンジの横に並べて、ちょうどよい高さに。

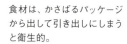

不便には理由《わけ》がある

上／ゴミ箱の上に洗剤スプレーを置くと、開けられない状態に。
下／従来の使い道を取り戻したゴミ箱。ふたには、分別のラベルを貼った。

井田――5つのゴミ箱は、どのように使い分けていますか？

M――燃える、燃えない、ビン・缶で、青いのはおむつ用です。

井田――おむつ用は、臭いや衛生面のこともあるので、洗面所に移しましょう。ところで、ふたの上に掃除用スプレーが乗っていると、使いにくくありませんか？

M――はい。なので、このゴミ箱は使っていなくて、丸いものにビン・缶を入れています。

井田――ふたの上にモノを置いて、わざわざ不便にしているのは、もったいないわね。スプレーは別に置き場所をつくり、ゴミ箱はふたつきの3つだけにしましょう。それと、ガス台下が両扉とも開かないので、ゴミ箱の位置を変えて、片方は完全に開くようにしましょう。

シンク下には、同じようなサイズの鍋やフライパンが。使用頻度の高いものだけを選び、残しました。

上／シンク下。よく使う鍋は調理台の吊り棚にあったので、ここにはほとんど使っていない鍋類も。　右／3段ラックを新たに設置し、できるだけ重ねずに収納すると、出し入れがラクに。

「だ・わ・へ・し」を終えてすっきりと片づいたキッチン。

モノを減らせば、管理も掃除もラクに

Mさん宅のリビングダイニングは、こざっぱりとした印象ですが、気になることがありました。食卓の上にリモコンが6つ、除菌シートが4種類、ティッシュボックスが2箱置いてあったのです。

井田――なぜこんなに？

M――リモコンは家電のほかに、壊れているのを娘のおもちゃ用に。除菌シートはアルコール入りとそうでないものをテーブル用、口拭き用などと分けているので。

井田――たくさんの種類を管理するのは、エネルギーが取られるでしょ？　4種類のシートの在庫管理だけでも大変そう……。CMや店頭の宣伝に惑わされずに、自分の「暮らしのモノサシ」が持てるといいですね。

M――はい。なにが必要で、どのくらいあったらいいかを、判断できるようになりたいです。

井田――出しっ放しのモノが少なければ、掃除もラクになりますよ。

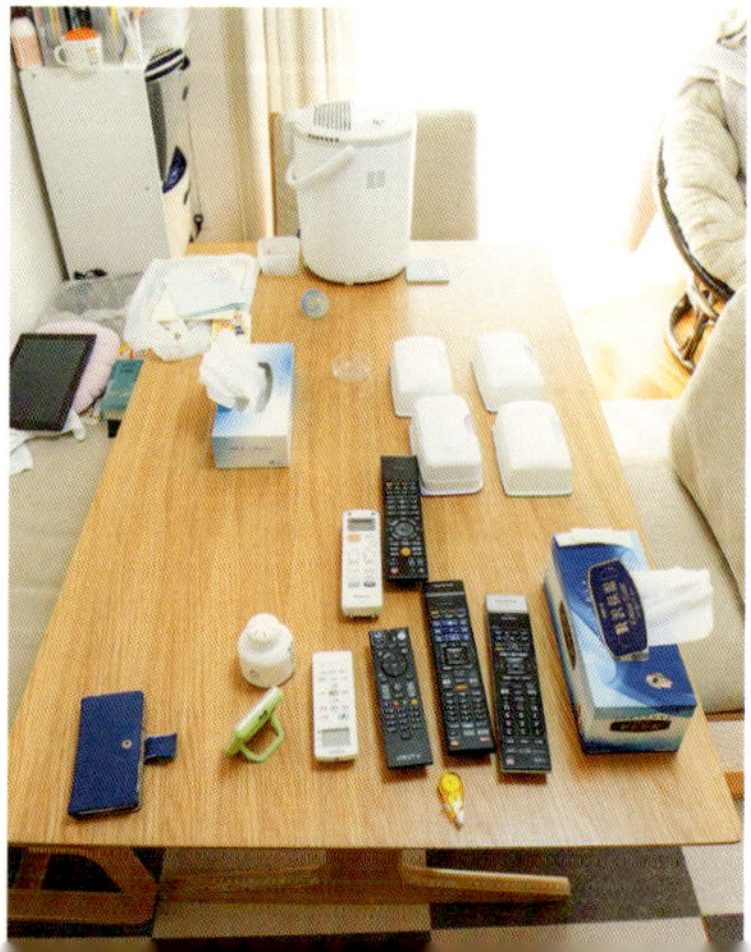

食卓の上には、いつもこれだけのリモコンと除菌シート、ティッシュ類が。食事のときは、横に寄せる。

モノがモノを呼ぶ現象が！

リビングの角に置かれたカラーボックス。子どもに触られたくない文房具、爪切り、薬などが、スキマがないほど林立しています。

井田――「モノがモノを呼ぶ」現象が起きていますね。たとえば、ペン立てを置くと、景品でもらったボールペンやカラーペンなど、いつの間にか本数が増えてしまったりしませんか。書けなくなったペンがいつまでも入っていて、ペン立てがパンパンになっていくというパターンに陥りがちです。スキマには詰めれば入るので、意識していないとどんどん増えていってしまいますよ。

M――そうなんですね。文房具や薬がさっと取り出せなくて、困ることがあります。

井田――スキマ収納ではなくて、必要なモノだけを目的別に収納していきましょう。

モノを減らしたいときは、新品やどなたかに使っていただけそうなものは、友の会の友愛セールや、バザーを活用するといいですよ。

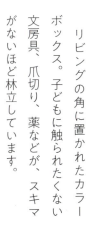

テーブルの上のものを片づけました

「だ・わ・へ・し」前のリビングダイニング。

「だ・わ・へ・し」後。食卓の向きを変え、リビングマットも面積を減らすと、部屋が広く見えるように。

すぐ使えるようにと、リモコンや除菌シートをテーブルに乗せていたMさんですが、雑然と見えることは改善したかったそう。そこで、除菌シートは、テーブル下についているもの置き用の棚に並べ、リモコン類はテレビ台の棚の中に入れました。

床面を広く出せるよう、テーブルと椅子の配置を変えることにしました。廊下からリビングダイニングに入ってきたとき、大きな椅子に視界を塞がれなくなり、見た目の印象もガラリと変わりました。

3章

大切にしてきた言葉と暮らし

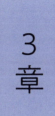

人生の哲学書

パソコンもスマホも便利ですが、やっぱり紙をめくりながら活字を読むのが好きです。結婚以来ずっと読んでいるのは、新聞と、毎月の『婦人之友』。書籍は夫が「おもしろかったよ」と勧めてくれたものや、子どもが図書室で借りてきたものを回し読みしてきました。思春期の難しい時期にも、本を通じて子どもとの会話が豊かになった気がします。

時代ごとにブームになる本もいいけれど、私にとって一生の哲学書ともいえるのは、『羽仁もと子著作集』です。結婚祝いに全21巻を母が持たせてくれて以来、常に本棚に並んでいます。『婦人之友』の読者の会である「友の会」に入ってからは、毎週の集まりのたびにこの著作集から1カ所を読み合って、感想を聞き合うのが楽しみになりました。さまざまな年代の主婦同士、それぞれの悩みも生き方も違うけれど、一人で読むより何倍も厚みのある時間になります。嬉しいときも心が折れそうなときも、読書の輪の中でどんなに支えていただいたかしれません。この時間こそ、友の会の醍醐味だと思います。

この章では、『羽仁もと子著作集』の中から私が特に影響を受けた言葉をご紹介します。不思議なことに90年のときを経た今もなお輝きを放つ力強い文章は、読むたびに新しい発見があり圧倒される思いです。あふれる情報の洪水の中で、軸を見失いそうになったときでも、立ち返ることのできる生活のバイブルとして、すべての家庭人に読んでもらいたい本です。特に第9巻『家事家計篇』は家庭科の教科書にしていただきたいくらいです。

『羽仁もと子著作集』に学びながらの人生です。

結婚したときに、母から贈られた『羽仁もと子著作集』全21巻（婦人之友社刊）。『家事家計篇』と『思想しつつ 生活しつつ 上・中・下』は、特に何度も読み返してきました。

羽仁もと子
青森県八戸出身。1873年生まれ。明治女学校を経た後に、1897年報知新聞社入社。日本初の女性記者となる。1903年、夫羽仁吉一とともに『婦人之友』の前身『家庭之友』を創刊。1927年には、婦人たちに送る手紙として、『羽仁もと子著作集』15巻を刊行。1921年「自由学園」を開校、1930年『婦人之友』の読者とともに「全国友の会」を設立した。1957年逝去。

ガラクタのない家

普通の新世帯で家族が夫婦なら、ふたりの日々生活していくために必要欠くべからざる道具と、客があったら番茶でもいれて出すだけのものだけととのえておく。するとおいおい時日の経つうちに不自由なものができてくる。不自由をするたびに、あれもなくてはこれもなくてはと思うものだが、そういう気持ちで買いたしていくと、例のガラクタばかりふえるから、一度くらい不自由な目をしたものはまずこらえて買わずにおく。同じものがないために、また一度不自由をする。今度もこらえる。さらにもう一度そのものがないために不自由を感じたら、今度ははじめてととのえてよいと思います。

家の中にちっともガラクタがなく、よい道具だけ少しあって、その置き場所が、ちゃんときまっている。すなわち茶室のような家でなくてはなりません。一家の整頓《せいとん》という事務的方面の理想は、たしかにそこにあると思います。

羽仁もと子著作集第9巻『家事家計篇』より抜粋

出しっぱなしがないだけで、気持ちがすっきりします。

わが家にいらした方がよく「ガラクタはどこに隠しているんですか？」とおっしゃいます。

はじめからガラクタという名前のモノはありません。モノが勝手に入ってきたのではなく、私たちが何らかの理由で家に入れたはずなのに、こちらの都合で役に立たなくなったり上手に活かせなくなった途端にガラクタと呼ぶのは、人間の身勝手ですよね。

今は安いものが大量にあふれているので、気をつけていないと片っ端からガラクタになってしまいます。そんな時代だからこそ心に留めおきたいのは、「三度までもそのもののないために不自由を感じるまでは、買わないほうがよろしい」という言葉です。

新婚の頃は経済的に余裕もなかったので、この言葉にどんなに励まされたかしれません。モノを1つ買うということは、いつか、誰かが処分する手間も引き受けるということです。ちょっといいなとか、あったらいいかも、という程度のモノをむやみに増やさないようにしたいと思います。

キッチンの〝一粒《ひとつぶ》選《よ》り〟

たまに行くショッピングモールでは、洋服よりキッチングッズを見てまわる方が好きです。便利な道具やオシャレな調理器具に興味をそそられますが、即買いはしません。軽い興奮状態に陥った店頭では、実際のサイズや使用感を冷静に確認できないことが多いからです。売り場を離れると、熱が冷める程度のモノのことも。逆に使用中の道具が壊れたり、どうしても必要になった場合は、基本的にステンレスやシリコンのものを選ぶので、本当に長持ちします。フライパンは、ずっとこのメーカーの深型(左写真)。安定感があり、取っ手が短めで邪魔になりません。片手鍋は長年ステンレス多重鍋でしたが、とうとう重さに負けて娘に譲りました。深型の軽量タイプにしたら、断然使い勝手がよくなりました。

使いやすさと長持ちすることを考えて選んだ「一粒選り」の調理器具。
1種類1つを持ち方の基本に。

手前：夫婦2人暮らしに重宝しているのが、直径16.5×深さ10cmの片手鍋（味噌汁にもスープにも2合ごはん炊きにも）。奥：茹でる・煮る・揚げるができて、炒めものの返しがしやすい直径24×深さ8cmのフライパン。

「置き場所のきまった家」

私どもは本気になって、めいめいの家の中を整理して、ガラクタなしの家にしましょう。そうしてその次にものの置き場所をきめましょう。どこの家でも大きな家具類は数が少なく、そのあり場所もきまっているのですが、座敷から台所にまで、数多くある小さい家具は、一々きちんと置き場所をきめて、家中の人が、暗闇《くらやみ》でも出して来られる、しまわれるというようにしておくことは、容易なことではありません。家人《かじん》のことごとくが、すべての家具の置き場所を知っているばかりでなく、また何を使っても、用がすんだらもとのところにちゃんとしまっておくという習慣と訓練ができていなくてはなりません。

羽仁もと子著作集第9巻『家事家計篇』より抜粋

鍋帽子は軽いので、調理台上の吊り戸棚が指定席。新しいキッチンでは、シンク下の引き出しにたっぷり収納できるので、吊り戸棚にしまうものは鍋帽子だけになりました。

「片づかないのよね」とおっしゃる方は多いのですが、考えてみれば私たちは片づけるために生きているのではありません。元気に活動している限り、道具や材料を使うのですから、散らかるのは当たり前です。SNSでなにも出ていないきれいな部屋を見て、子どもがおもちゃを広げ回している自宅のリビングと比べて勝手に落ちこむ必要はないのです。

大切なのは、私たちに帰ってくる家があるように、モノにも帰るべき場所を決めておくということ。そして、家族のだれもが「用がすんだら元のところにちゃんとしまっておく習慣と訓練」さえできていればいいわけです。

90年前にすでに答えが出ている片づけ問題が、なぜ未だに多くの家で悩ましいのでしょうか。それは片づけの「知識」が頭の中だけに留まり、しっかりと「意識」に落ちていないからではないかと思います。面倒でも必ず戻す、という決心と実行を怠ると、やがて「とりあえずの家」ができてしまうのです。

文房具の引き出しは、食卓に近い食器棚にあります。細かく席を決めることで戻しやすく、必要以上に増やしてしまうこともありません。

戻すだけで「定数・定位置」をキープ

買いものから帰って一番後悔するのはダブり買いです。文房具も消耗品も「なにが」「どこに」「どれだけ」あるかを絶えず把握していれば、ムダな買いものをせずにすみますし、在庫管理にエネルギーを取られることもありません。かといって、すべてのモノの数は覚えていられませんね。簡単な方法は、「置き場所（定位置）に、入るだけ（定数）持つ」と決めることです。そしていつもその景色を繰り返し見ることで、過不足がはっきりします。どんなに安くても買わなくてすむのは自由ですね。

買うかどうかを迷うのは、在庫を思い出せないから。つまり、使ったあと元に戻さないことから始まります。「とりあえず」をなくしてラクに戻せる仕組みを考えると、毎日が軽くまわり出します。

牛乳パックの仕切り・つくり方

準備

牛乳パックはよく洗ってしっかり乾かす。

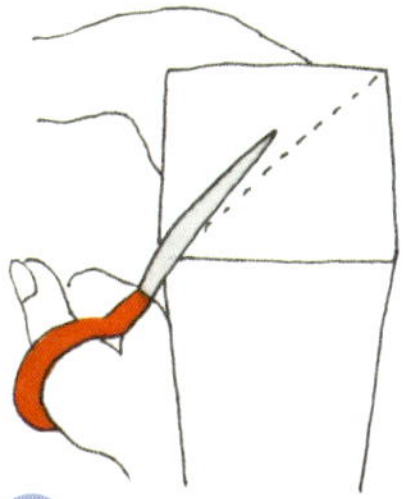

1

牛乳パックのつなぎ目を切り、底面は斜めに切る。注ぎ口は切りとる。

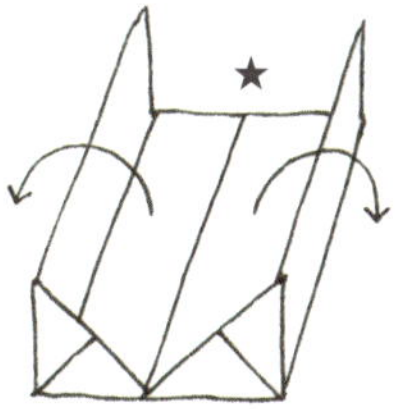

2

切ったら開く。

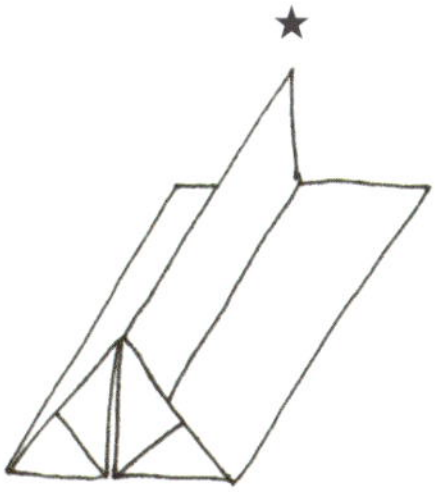

3

★印を山にして折りたたみ、裏をテープで固定する。

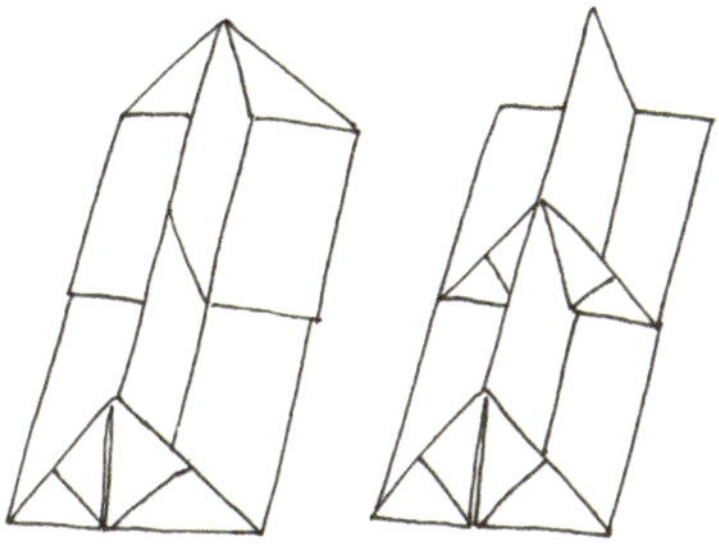

4

2つを組み合わせ、収納する場所に合わせて幅や長さを調整し、テープで固定する。

調理道具の引き出しには、牛乳パックの仕切り4つを組み合わせて。お玉やヘラなどの長いものの出し入れもスムーズです。

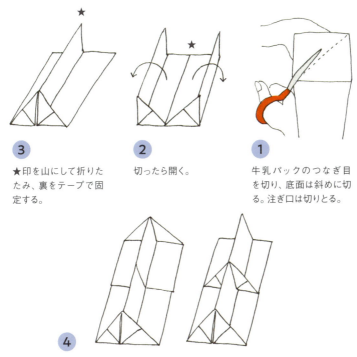

「たたみかけてものを買わないこと」

何でもなくならないうちなくならないうちと、たたみかけてものを買うのは不経済だと経験のある人はみないっています。なくなるまで気がつかずにいてよいというのとはちがいます。たとえば子供用または食後用の菓子などでも、なくなるころに工夫して、そのつぎ目をあるときは有り合わせのかきもちとか、あるときは、いも類など廉価《れんか》なもので間にあわせるようにすると、一ヵ月の終わりまたは一年の終わりにいって、たたみかけて買いものをしたのにくらべると、大したちがいが出て来るのです。砂糖などの必要品は、一日でも二日でも全然きらしておくわけにはいきませんが、前のがなくなった日には、次のはすでに買ってあっても、仮にないつもりで、砂糖のあまりいらない種類の食物を調理するとかいうようなふうにすると、やはり前の菓子の場合と同理になります。身のまわりのものにしても、新しいものを用いる前にはこの心得を応用することができます。

羽仁もと子著作集第9巻『家事家計篇』より抜粋

トイレの洗面台下の収納スペース。トイレットペーパーは、最後の1個の在庫がなくなったら、次を購入すれば十分間に合います。

新婚当時に、この「たたみかけて買う」という言葉に出合ったとき、強烈なインパクトがあったのを覚えています。育った実家はいわゆる本家で、ご近所や親戚づき合いも多く、いつ誰がいらしてもいいように、絶えず多めに買い置きをする習慣がありました。嫁の立場上、母はいつもストックを切らさないように気をつける習慣がついたのでしょう。乾物、砂糖や醤油、来客用タオルや寝具など、予備が積み上げてあるのは当たり前の光景でした。

でも私たち2人の新婚家庭に、そこまでの買い置きは不要でした。二間しかない狭い家に、食品や消耗品を置くスペースは限られています。切らさないようにするのが主婦の鏡と思いこんでいた私も、この言葉が意識を変えるきっかけになりました。

クリックひとつでなんでも宅配される昨今、モノが大量に家の中に入ってきます。漏斗《じょうご》のように入口ばかりが大きくならないよう、買いすぎには気をつけたいものです。

食材ストックは「コナ・カン・メン」

食材のストックはこれで全部です。

防災用の水やレトルト食品は床下にあるので、普段の乾物は食器棚横のストッカー（P44・45写真）の引き出し（幅15×奥行40×深さ30㎝）に入るだけの在庫を、ローリングストックしています。定番は強力粉、薄力粉、トマト缶、サバ缶、ツナ缶、パスタ、そば、焼きのりです。大豆や金時豆、ひじき、切干し大根なども使いますが、買った日に戻して調理したものを、半分以上は冷凍庫に保存。乾物は買った日が一番新しいのですから、わざわざ家で古くしたくないのです。

そして、忙しいときやお弁当に便利なおかずが、いつでも冷凍庫でスタンバイしていてくれるのは心強いことです。

わが家の冷蔵・冷凍庫の中身です

冷蔵室

前列右から時計回りに、金時豆の甘煮、切り干し大根の煮もの、ほうれん草のなめ茸和え、茹でたほうれん草、夫作の燻製チーズ、人参マリネ、野菜ピクルス、あさつきの小口切り、大根のざらめ漬け、茹でブロッコリー。冷蔵庫にこれくらいあると、外出の日の夕食も安心。

野菜は、買ってきたらすぐに袋から出し、すべて洗います。茹でたり、常備菜をつくったりするので、野菜室に入れる野菜はこのくらい。ごぼうや長ねぎなど、丈の長い野菜は、2Lのペットボトルに立てて収納します。

野菜室

冷凍室

冷凍庫には、密閉容器に入った調理済み食材が。引き出したときに中身がわかるように、ラベルを貼っておきます。ラベルとマジックは、隣りの食器棚下の文房具置き場に入っています。

前列右から、湯通しして刻んだ油揚げ、切り干し大根の煮もの、金時豆の甘煮、鯖の塩焼き、野菜ポタージュ、椎茸の含め煮。後列右から、鶏ハム、スムージー用の野菜と果物、ミートボール、斜め切りにした長ねぎ、焼いた塩鮭。奥は手づくりのパン（バターロールとポンデケージョ）。電子レンジに入る容器なので、解凍も便利です。

靴を揃えてぬぐ自由

私は前から願っていたことだが、それはどこの入口を見ても靴がきちんとぬいであるようになりたいということであった。靴を揃えてきちんとぬぐことは、自由ですか不自由ですか。

私どもは社会人だ。それで社会的にものを見る。すべて社会的なつながりにおいて自由も不自由も考えたい。社会的に見ればきちんとぬいである方が自由だ。こっちに片方、あっちに片方と勝手気まま、皆が気楽にするのが自由か。先にぬいだ靴の上に、あとからぬいだ靴が上っているようなのは自由か。人の邪魔になるようなことをするのは社会的ではないと思う。自分でもこっちに片方、あっちに片方あるようなぬぎ方をしたり、人の靴と重なったりしていたら、はく時は不自由になる。きまりのよいところ、きちんとしたところにいつも自由はある。

羽仁もと子著作集第20巻『自由・協力・愛』より抜粋

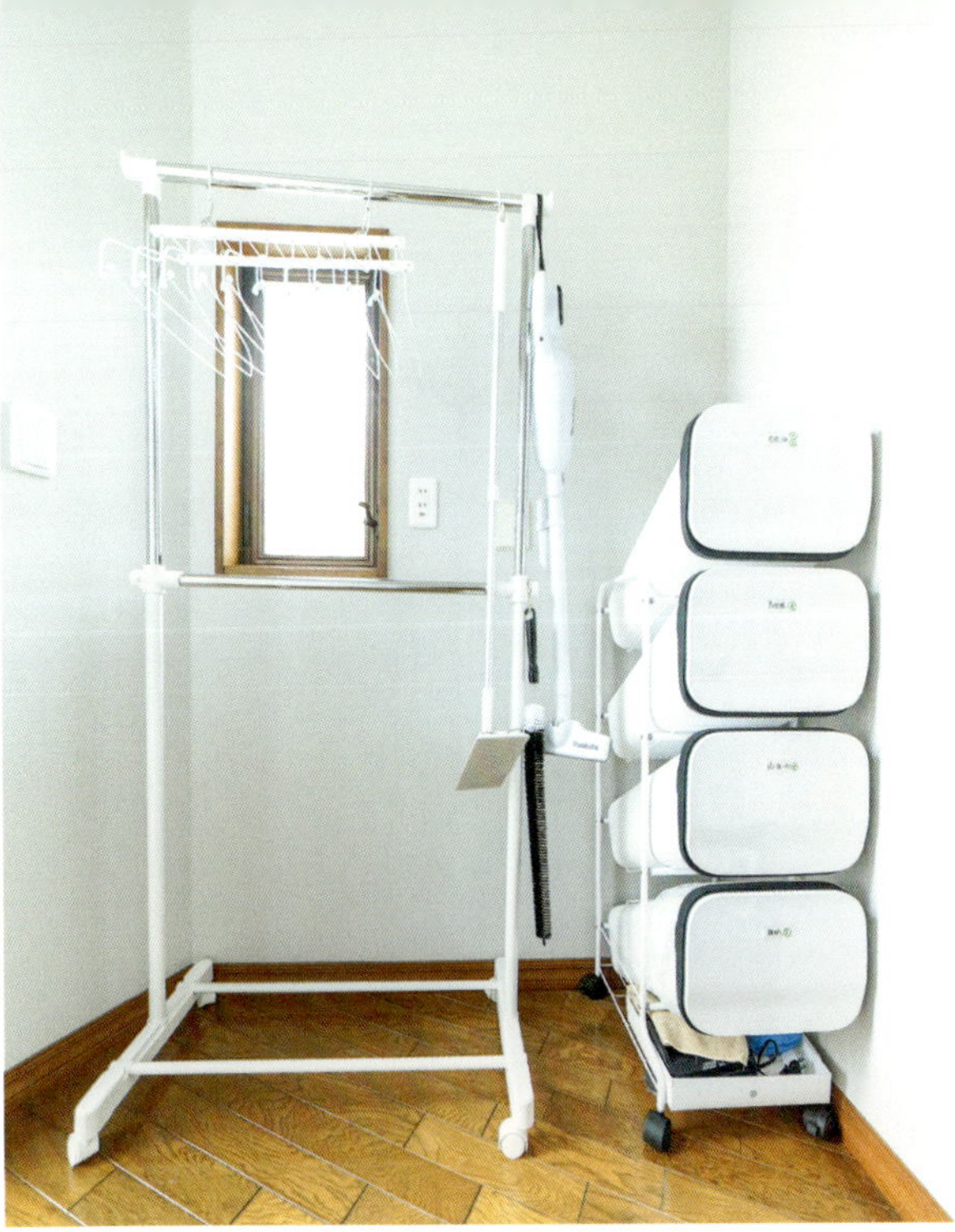

キッチン奥の勝手口の間。分別用のゴミ箱、掃除道具、洗濯ハンガーなど、使うときのことを考えて置く、しまうようにしています。

この言葉は、私にとって「自由」という概念を大きく変えるきっかけになりました。それまでは、靴を好き勝手にぬぎ散らかすほうが自由で、揃えるのは窮屈だと思っていたからです。

もちろん今でも、後ろ向きになって揃えてぬぐのはちょっと面倒です。でもたったそれだけで、履くときの自由さと言ったらありません。

ただそこまでは個人的なレベルの話です。羽仁もと子はいつも社会的レベルで考える人でした。あちこちに散らばった靴は見苦しいばかりでなく「人の邪魔になる」、すなわちその不自由さが「社会的ではない」ということなのです。

考えてみれば、ものの置き方だけでなく、時間の使い方もお金の使い方も、ある一定の決まりがあるほうが安心で自由に使えるのですね。ルールがあってこそスポーツが楽しめるように、私たちの日常の行動も「社会的に自由かどうか」を問う習慣がつくと、もっと暮らしやすくなるのではと思います。

枠を決める自由

店頭には毎日「お買い得品」が並びます。「必要だから買う」のでなく「安いから買う」習慣になると、どうしても家の中の在庫スペースが膨らんでいきます。決めたはずの置き場がいっぱいになり、仕方がないので別のスキマを探します。こうしてはみ出したモノで、あちこちが「とりあえず置き場」になっていませんか。それを防ぐ最も簡単な方法は、種類別に枠を決めること。「ここに入るだけ」の量にすれば、乱れることはないのです。枠は私たちを窮屈にするものではなく、かえってその中を自由にさせてくれるものではないでしょうか。

食器棚下の引き出しには、わが家の書類がほぼすべて収まっています。書類置き場の枠はこれだけ、と決めることで、取っておくもの、必要なものへの判断が研ぎ澄まされます。ジャンル別に投げこみ式なので処分するのもラクです。枠が決まっていると、あふれることはありません。

ここも食器棚下の引き出し。紙袋は、ピンクの書類ボックスに入るだけです。グレーの手提げは、教会に行くときのカバン。

書類収納に大事なのは、目的別に分けてラベリングすることと、出し入れしやすい収納であることです。

片づけることは選ぶこと

どこの家庭でも、油断するとあっという間に積み上がってしまうのが書類ではないでしょうか。パソコンが普及して簡単に印刷できるので、かえって増えてしまったような気がします。今日10枚入ってきて8枚処分したとしても増え続けるのですから、処理が追いつかないようなら、原因はどこにあるかを冷静に考えてみましょう。

書類の収納もキン・コン・カン

■**キン(近く)** ふだんから、すぐに出し入れできるよう、近くに集結することが一番です。

■**コン(コンパクトに)** 外封筒やチラシなど、不要物を除いて重要な用紙だけを選びぬく習慣を。

■**カン(簡単に)** ポケットファイルは、抜くときが面倒なので処分が遅れがちに。投げこみ式で代謝よく。

①新聞チラシ

2紙以上の朝刊と夕刊を読みつくすには、かなりの時間を要します。夕刊は本当に必要か見直してみる、またチラシは新聞販売店に電話1本で簡単に断ることもできます。

②ダイレクトメールや通販雑誌

一度関わるとずっと送られてくるＤＭや通販雑誌に、思いのほか時間を取られていませんか？　ＤＭは本人からの電話で止めることができますし、通販雑誌も1つに絞るなど、慢性的に受け取らないですむ方法を探ります。

③封書で届く保険証書や契約書類

重要書類を封筒のまま保管していると、かさばる一方。毎年更新される証書1枚だけをコンパクトにまとめておけば、いざというときにも携帯できます。

④学校・団体・情報シート

お知らせやレジュメなど情報系の書類は、1枚ずつポケットファイルに入れていると処分のタイミングを逃し、永遠にファイルを増やし続ける羽目になります。紙製のフォルダーにジャンル別の投げこみにして、膨らんできたら見直して処分するなど、枠を決めて管理する習慣をつけましょう。

⑤子どもの作品、手紙、思い出の書類

どんなに大切な思い出も、必ずいつか誰かの手を煩わせることになります。大切にしたいものこそ、厳選していつでも見られるような分量にして楽しみたいですね。写真や子どもの作文、手紙などは、箱に入れないでファイリングすると、見やすくいつでも楽しめます。

唯今主義《ただいま》

今年こそは心長閑《のどか》にこれこれのことをしようと思い、あるいはまた忙しかったこともこれで一段落ついたから、これからは少しゆっくりしようと思っていても、実に人生には思いがけないことばかり多いものです。ことに家庭の日々《にちにち》は、ほとんど大小の予期しない臨時の出来事をもって満たされているようなものです。私どもは無事の日を常と思わず、むしろ心がかりのあることを、人生普通のことと思うように、わが心を鍛えておかなくてはなりません。そうして無事の日を、特に与えられた恵みの時として感謝し喜びもしたいと思います。

心配に屈託しないという人は、みな唯今《ただいま》主義の実行者でございます。さまざまの不愉快や困難を持ちながら、多くの快活な時を持ち、ずんずんと自分の思う仕事をなし遂げて、常に境遇に支配せられず、自《みずか》らよき境遇をつくってゆく人は幸いでございます。

羽仁もと子著作集第2巻『思想しつつ生活しつつ・上』より抜粋

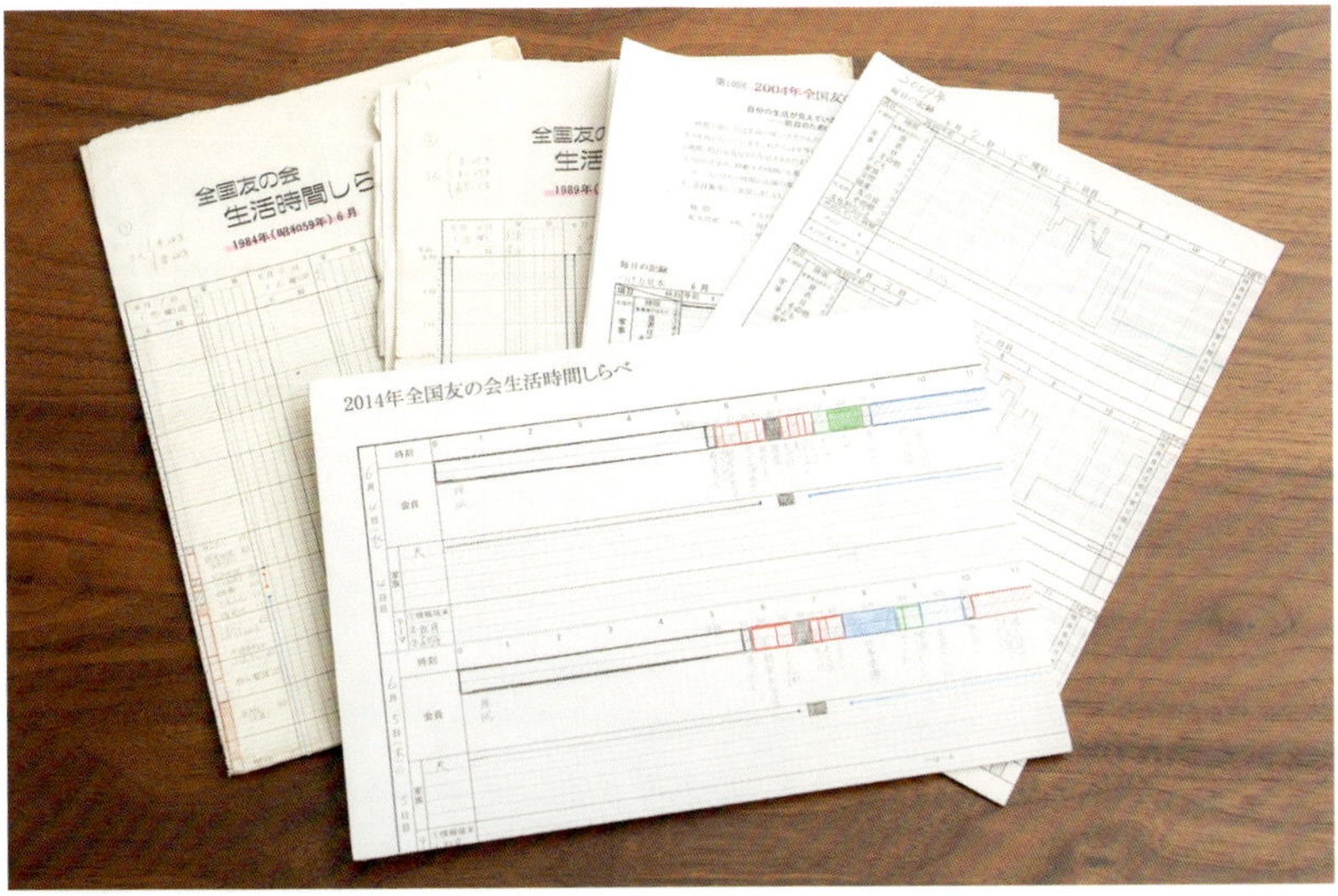

1959年から5年に一度、友の会が全国規模で行っている「生活時間しらべ」（写真はその用紙）。書き出すことで、なににどれだけの時間をかけたかが明確になり、生活時間を見直すきっかけに。毎日を合理的で豊かに過ごせるようになりました。

「あのとき、こうすればよかったのにね」。つい溜息まじりにぼやいていると、「そんなこと今さら言ったって、なんにもならないじゃない！」と、ポジティブな娘によく叱咤されました。過去は変えられないとわかっていても、以前の私はやるせない気持ちの置き場がないとき、そんなふうに口走っていたので、聞かされる家族は不愉快だったのでしょう。

過去のことだけでなく、「今度またあんな目にあったらどうしよう」などと、先のことを心配するあまり、しなくてもいい取り越し苦労を背負いこんでしまうこともありました。そんなとき、この文章を読むたびにハッとさせられたものです。

過去からも未来からも解放されて、ただ「軽い心と自由な身」をもって勇んでよいことをすればいい、という言葉に励まされます。そして私自身も信仰を得てからは、目に見えない方の大きな計画の中に生かされていることを実感し、ひたすら「今」を精一杯生きればいいのだと思えるようになりました。

「時間の使い方は生命《いのち》の使い方」

孫が大好きなイチゴ（上）、赤い花のガーデンシクラメン

気がつくと60年近い日々を生きていました。それは毎日新しいページを（21000回以上！）プレゼントされて、命を繋いでもらったということです。なんという奇跡でしょう！

この羽仁もと子の言葉は、ただ時間に流されて生きるのではなく、私という生命をいただいた意味や使命を尋ねながら生きるよう、背中を押してくれます。もちろん時間の使い方に正解はないけれど、その自由の中で私なりに濁らせないで塗り分けたいと思っています。家事、食事、仕事、趣味だけでなく、近ごろは誰かを想ったり、誰かのために祈ったり…そんな使い方も豊かな時間と思えるようになったのは、年齢を重ねた恵みですね。

今を生きるための、思い出の残し方

人生の上り坂をあえいでいるときは、立ち止まる余裕がなかったのですが、ようやく子育てが終わって「これまで」と「これから」を見渡せる尾根に立てたような気がします。夫婦の独身時代の写真や記録、子どもたちからの手紙や作品、家計簿や日記のような生活記録……。思い出と名のつくジャンルのモノは月日とともにふくらんでいました。

これまでも41冊のフエルアルバムを5冊のコンパクトアルバムに減らしたり、子どもたちの作品は衣装ケース1箱ずつにしたり、家計簿はボックスにぎっしり詰めたり……と、まとめて保管してきましたが、今回の引っ越しはそれらを再度ふるいにかけるまたとないチャンスになりました。

くり返し自分自身に問いかけたのは「次にこれを

母が、孫のために送ってきてくれた手紙は、一人1冊のファイルに入れて取ってあります。スケッチが好きな母は、しばしば絵手紙をしたためてくれました。

いつ見たいか?」具体的に即答しかねるものは、保管している自分に陶酔しているだけかもしれません。どんなに思い出があっても、箱に詰めこんで押し入れや天袋に押しやっていたのでは、思い出すこともできません。いつか誰かの手で辛い処分をさせることになるのです。

私にとっては、数十冊の手書き時代の『家計簿』や『主婦日記』がそうでした。『家計簿』は1983年の1冊目だけ残し、数字のデータと毎年の年計表を保管することに。『主婦日記』は子どもが生まれるまでぎっしり記入していた5年分だけに。ほかは「ありがとう!」と声をかけながら処分できました。

何度も見返したくなるものだけと決めると、だんだん決断が早くなります。私が残しておこうと決めたものは――

・19歳でホームステイしたときの日記

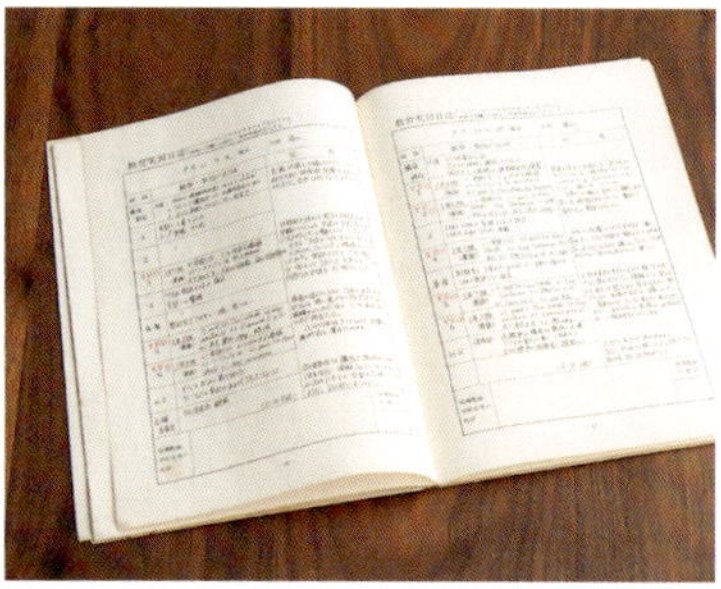

短大時代の教育実習のときのノート。頑張っていたときの自分がわかる、唯一残してあるノートです。

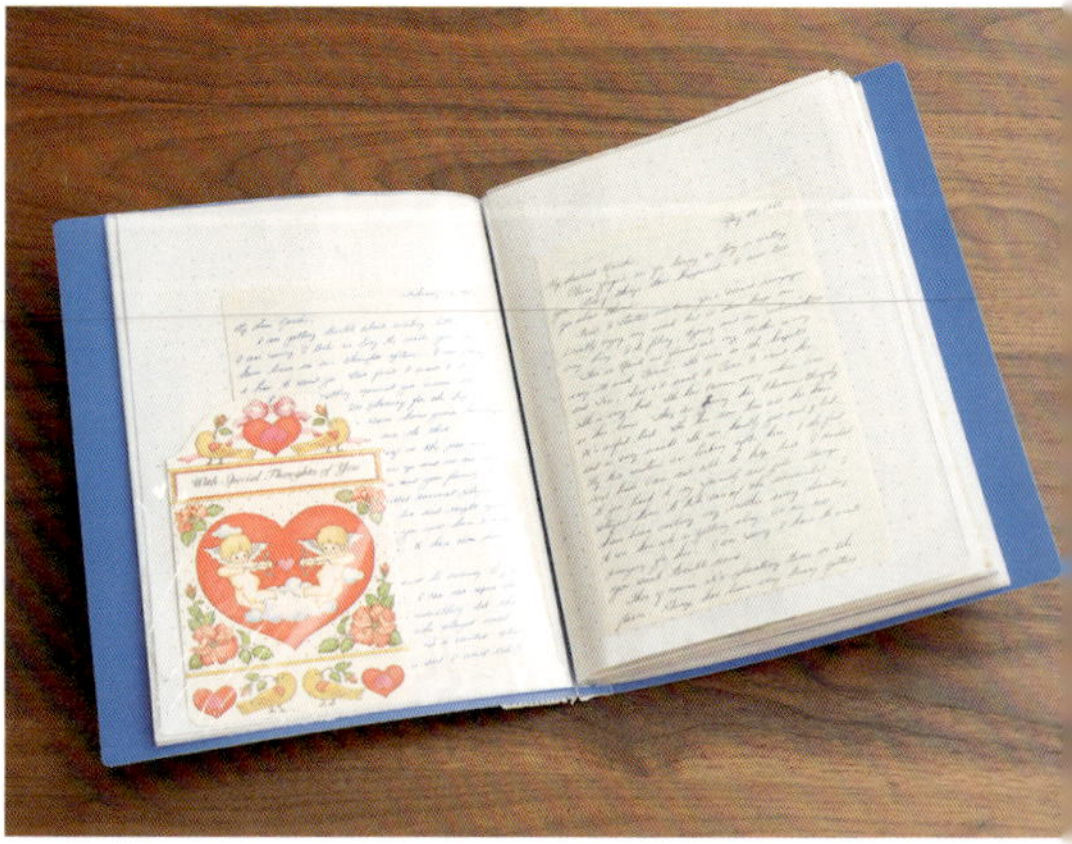

短大のとき、1ヵ月ほどホームステイをしたホストマザーとは、数年前に彼女が亡くなるまで文通が続きました。端正な筆記体のエアメールが届くと、辞書を引きながら必死に返事を書いたことが思い出されます。

・ホームステイのホストマザーからの手紙
・教育実習の記録ノート
・夫との往復書簡
・結婚してからの両実家からの手紙
・子ども宛ての手紙
・子どもからの手紙
・子どもたちのこづかい帳
・子どもたちのるすばんノート

いつの時代も私たちは、互いの言葉によって支えられていると感じます。

結婚したころの『主婦日記』には、毎日の献立（つくったもの）を書き、今晩のおかずに悩んだときには読み返してヒントにしていました。出かけた場所のチケットなど、見るだけで当時の記憶が戻ります。

column

家計簿で、不安の霧を晴らす
――お金の使い方は、引き出しの片づけと同じように

真っ暗なトンネルに入った瞬間、足がすくんでしまったことがあります。一家の家計も、ハッキリ見えないと必要以上に不安になるのではないでしょうか。なんとなく毎日モヤモヤしている場合、まずモノの整理をして、次に時間の使い方を見直して、最後は家計の霧を晴らしましょう。うちはこの先やっていけるのかしら、という漠然とした不安があるときは、家族が感情的にギクシャクしないためにも、数字を見て冷静に現実と向き合うのが一番だと思います。

私は幸いにも、母がパチパチとそろばんを入れて家計簿をつける家で育ったので、結婚したらつけるのが当たり前と思っていました。23歳でOLをやめて夢の専業主婦になったものの、若い家計は厳しくて独身時代のわずかな貯金を切り崩す生活。それでも夫のこづかいを減らしたいとはなかなか言えなかった当時、月末に家計簿を確認し合っているうちに、夫もつき合いの飲み会やゴルフを減らしてくれました。その分、週末は2人であちこち歩きまわって、たくさん時間を共有する

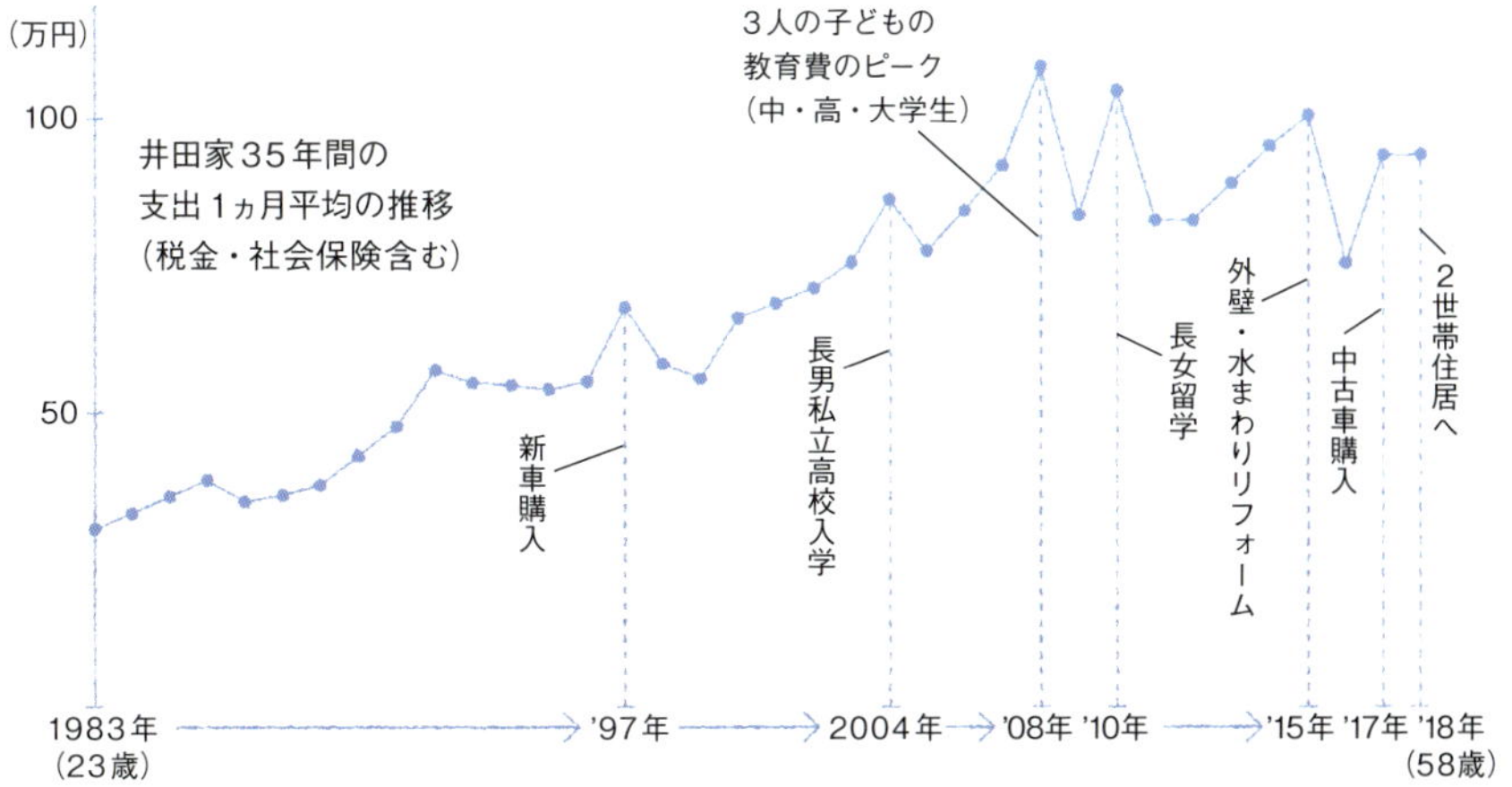

結婚して40年近く、毎年家計簿から1年分の収支を出し、どれだけのお金を使ってきたかが一目でわかるように、支出1ヵ月平均をグラフにしました。わが家の歴史です。

ようになり、今に至っています。

『羽仁もと子案家計簿』は、毎年新たな気持ちで「予算」を決めることで、家族がどうしても欲しいものは1つずつ叶えることができました。収入というお金の枠は決まっているけれど、その中をどう配分して使うかというのは、引き出しの片づけと同じなのですね。

3人の教育費や住宅ローンの時代は自分の暮らしを赤字にしないことで精一杯だった家計ですが、少しずつ寄付や献金を増やして、「公共費」として社会に差し出せる家計に導かれたことは本当に嬉しく、家計簿の目的はここにあるのだと思えるようになりました。

こうして家計簿の数字が描くグラフの山並みは、これからもわが家のありのままの歴史として刻まれていくのですね。

四通八達《しつうはったつ》の家

暑さの真最中は、どんなに隔ての垣の中に閉じこもることが好きな人でも、開けひろげた所に棲《す》みたいと思うでしょう。私たちのこの南沢の家を、ある時は野の花の家、ある時は木綿《もめん》の浴衣《ゆかた》の家といいました。そしてこの間からまた私はこの家を、四通《つう》八達《たつ》の家と自分の気持の中で称《よ》んでいます。垣根はもちろんありません。

知らずしらず子供を垣根の中で育てている家はありませんか。あればそれは行き詰まりの人間を造りつつあるのです。垣根の中の家は楽しい家ではなくて、八方塞《ふさ》がりの家だと知らなくてはなりません。よいことが自分にあれば、それを自分ばかりの宝にしないで、人に分けなくてはなりません。それを分けるために、私たちは愛と謙遜を常に自分に持っていなくてはなりません。人からよいものを分けてもらう謙遜さは、さらにそれよりも、臆病《おくびょう》ゆえに勝気な私たちには面倒なことです。

羽仁もと子著作集第16巻『みどりごの心』より抜粋

3階バルコニーから見える景色。わが家に来てくださった皆さんにも、開放感を味わっていただけたらと思います。

マンションでも、お隣りにどんな人が住んでいるのかわからない時代です。防犯上、家の垣根がまったくないのは心配かもしれませんが、せめて昼間はいつでも人を招き入れる状態でいたいと思います。

ただ、ここで言う四通八達とは目に見える垣根だけでなく、むしろ目に見えない心の垣根のことを問題にしています。人が相手の機嫌を取り合うのは、臆病や高慢な気持ちで自分と人を隔てているからだ、という厳しい指摘にドキッとしました。

自分や家をよく見せたいという思いから、片づいていないと人を呼べない、隠したいという気持ちになります。そして、本当の姿を見せられないことから、知らず知らず自分を卑下してしまいます。開かれた家で正直にありのままの姿で接することができると、より親しくなれるのではないでしょうか。

この言葉のおかげで、私自身も特別なおもてなしはできなくても、たくさんの人と交流を楽しむことができたのを感謝しています。

いつでもどうぞと言える家

これまでずっと、リビングからキッチンが丸見えの家に住んできたせいか、テーブルについたときにキッチンが雑然と見えないよう、普段から使ったらしまうという習慣がついたのはありがたいことでした。そのためには家族だけのときも、お客様が見えるときも、モノの置き場所や風景を変えないというのが一番です。毎日は乱れることの連続ですから、いかにリセットをラクにできるかをいつの時代も考えてきました。

特別なおもてなしはできなくても、なにも隠さなくてすむというのは心から人を歓迎できます。あとは簡単なお茶菓子ひとつあれば、気持ちは伝わるのではないでしょうか。

よく焼くケーキの1つがシフォンケーキ。友の会や教会の友人とのティータイムは、心和むひとときです。

定番のシフォンケーキ（直径 20cm シフォンケーキ型）

A｜卵白 ― 6個
　｜砂糖 ― 60g
卵黄 ― 5個
砂糖 ― 60g
サラダ油 ― 80ml　湯 ― 80ml
薄力粉 ― 120g　ベーキングパウダー ― 4g

Aを合わせてかたく泡立てる。卵黄と砂糖をよく混ぜ合わせてAに入れて混ぜ、サラダ油と湯を加え、粉とB.Pも加えて混ぜる。型に入れ、170～180℃のオーブンで40～50分焼く。

column

友の会と私

以前所属していた相模友の会の最寄（近隣に住む）のメンバーと。心を許してなんでも話し合える面々です。

23歳で実家を離れて36年間、未熟な私を丸ごと受け入れてもらっている友の会は、主婦としての育ての親だと思っています。町田友の会、相模友の会、そして横浜友の会と、いつも母のような慕わしさに包まれるのは、共に『羽仁もと子著作集』を読んで志がつながっているからにちがいありません。

5年の不妊期間を経て長男が誕生したときも、その長男が荒れていたときも、長女が切迫流産の不安を乗り越えて初孫を生んだときも、次男が進路に悩んだときも、友の会では

2010年、相模友の会の総リーダーのとき、一緒に総リーダーをした南関東部の皆さん。苦楽を分かち合った仲間とは、年に一度、同窓会をする間柄に。

すべてをさらけ出すことで心が軽くなり、どんなに支えていただいたかしれません。

友の会は、『婦人之友』読者の全国組織の会で、家事・家計・育児を勉強する集まり。しかし、この説明だけでは足りません。情報ならSNSで即座に入手できますが、家庭がよりよくなることを願って忍耐強く見守ってくださる先輩会員との交流は、人生の展覧会さながら深く温かいライブの連続です。

こんな私でも壮年の仲間入り、いつの間にか若い会員を支える側になってきました。すぐに結果が現れなくても友の会は一生の学校、1人ではできないことをみんなでするから、力を出した以上にもらえるところです。この団体の90年近い歩みが世代を超えて社会に活かされるよう、少しでもお役に立ちたいと思っています。

#「家庭は簡素に社会は豊富に」

われらおのおのの小さい家は簡素でありたい。そしてわれらの住む社会という大きな家庭は、じつに行きとどいた豊富なものでありたい。みなが協力して、そうした社会を築こうとするのは、ほんとうにこの社会を一家のごとくにし、人と人とを真実に同胞という自覚にめざましてくれるものです。力があるから子孫のために美田《びでん》を買ってやろうとする旧《ふる》い考え方は、知らずしらず社会を貧弱にすることであり、以上のような親切な豊富な社会をつくりだすことは、美田を持つより以上にわれらの子孫のためにさいわいなことであります。

そういう社会は、多くの心と勤労を必要とするのですから、理想の新社会を心に描いているならば、誰でも必ずその建設創造にあずかり得るはずであります。

羽仁もと子著作集第９巻『家事家計篇』より抜粋

ずっと使い続けてきた調理道具の1つが、この計量カップ（36年愛用）。小さな泡立て器も20年近く使っています。わが家の、華美ではないけれど、厳選した"生活の伴走者"をこれからも大切にしていきたい。

この言葉に出合ってから、「簡素な暮らし」は私の永遠の命題になりました。「簡素」とは、「シンプル」と表現した方がわかりやすいかもしれません。高級品を揃えることではないけれど、やみくもに節約して粗末なものですませることとも違います。一家にとって本当の必要を見きわめ、長く使える一点を選び抜いたなら、安物を繰り返し買い替えるよりも簡素と言えるのではないでしょうか。

簡素な暮らしは、簡単ではありません。私も未だにたくさん失敗をしますが、少しずつ選ぶ目を鍛えたいと思っています。そうしたモノやお金の使い方は、単に一家の経済にとどまらず、社会の不均衡にもつながっていると思うからです。持ちすぎ、使いすぎの一方で、おなかをすかせた子どもたちがいるのは、豊かな社会とは言えません。

震災を機に、失った立場の方を身近に感じ、持てるモノの4分の3で暮らしたいと思うようになりました。そろそろ握りしめた手を緩めてみませんか？

3/4で暮らそう

今こそ生活をコンパクトに――3・11からの提言

＊東日本大震災が私たちの日常を襲った2011年3月11日。当時、『婦人之友』に「段どり家事」を連載中だった私は、次のメッセージを呼びかけました。

この春の訪れは、突然襲った天災で深い哀しみを伴いました。あの日から数週間の暮らしを通して感じたことは――

【生活サイズを見直す】

直接の被災を免れた私たちでさえ、交通機関の乱れ、停電、断水など、いかにこれまでの日常が恵まれたものであったかと感じます。

残念だったのは不安から買い占めが横行し、スーパー・コンビニが品薄になったことです。今こそ一人ひとりの「生活サイズ」を見直すときではないでしょうか。食べもの、着るもの、生活用品をそんなに抱えこむ必要があるのか、無意識に使っていたものやお金や時間の、「量」と「質」が本当にちょうどよいといえるのか……。

【買い置きをしないわが家の冷蔵庫は……】

あまり買い置きをしないわが家では、地震のあった金曜日から1週間近く、冷蔵庫はガラガラでしたが、あわてて買いに走らなくてすんだのは、左のようなつくり置きがあったおかげだと思います。

今後はもっと工夫をして、これまでの暮らしの3/4をめざしたいと思います。たとえば、

- 3日分の買い物で4日暮らす。
- お風呂の湯量を3/4にする。
- 4週のうち1週は、車に乗らない。
- 生活費をこれまでの3/4に抑えて、少しでも公共費（寄付など）を増やす。など

羽仁もと子は小さな家庭の「生活合理化」を通して社会がよくなることを信じ、「家庭は簡素に、社会は豊富に」と願っていましたが、これほど実感を伴って胸に響いたことはありません。何のための合理化なのか。ものとお金と時間、そして目には見えない祈り、そんな持てるものの1/4をいつでも他者に差し出せるような「日々の段どり」でありたいものです。

＊『婦人之友』２０１１年5月号収録

◎冷蔵庫にあったもの
野菜の甘酢漬け　茹でたほうれん草・ブロッコリー
◎冷凍庫にあったもの
茹で大豆　塩豚スライス　ミートボール　ポタージュペースト　シュレッドチーズ　素焼きした鶏もも肉　いか　油揚げ　しめじ
◎常備していたもの
強力粉　薄力粉　乾燥こんにゃく　ひじき　トマト缶　ツナ缶
＊週末の朝市で野菜と卵は入手

震災後の1週間につくったもの（「→」表記は、翌日の展開料理）
◎塩豚と大豆のカレー
◎いかと大根の煮もの
◎ミートボールとキャベツの煮こみ→ホワイトシチュー
◎鶏肉と根菜の煮もの→けんちん汁
◎肉じゃが・野菜の甘酢漬け→ポテトサラダ
◎ピザ（ツナ・ほうれん草・トマト缶・チーズ）
◎黒糖パン

おわりに

思えば、23歳で会社員をやめて主婦になった日から、ずっと傍らに『婦人之友』がありました。誌面を愛読することを通して、故郷の母（広島友の会会員）と繋がっていたように思います。何より信じられないのは、読むのは好きでも書くのは苦手だった私が、こうしてありのままの自分をさらけ出す機会をいただいたことです。

本当に人生は不思議です。それほど勉強好きでもなかったのに、自宅で学習教室を開くことになったり、わが子にはあれほど感情的になったのに、若いママたちの相談に乗っている自分に驚きます。今はっきりと実感できるのは、たくさんの出会いと気づきによって「人は変われる」ということです。

そして私にとって最も幸いだったのは、友の会の大きなお役を受けた２０１０年にようやく信仰に導かれたことでした。まず未熟な私自身が許されていることに感謝できるようになってから、それまでまわりの人間関係に不満を抱いていたことが、嘘のように消えていきました。実は、私の心の中が一番ガラクタだらけだったのです。それらをひとつずつ取り除いていくことで、清らかな風が吹き抜けるようになるのは、家の整理と同じことかもしれません。

その頃から、家の中の澱みと心の中の澱みが繋がっていることに気づき、私自身が癒された経験から、そんな悩みをかかえる方のお役に立ちたいと思うようになりました。さまざまな仕事をさせていただく中でも、やはり私は一緒に家の中を整理しているのが一番楽しく、その方の表情が変わるのを見せていただくのが何より幸せな時間です。

幸せは向こうからやってくるものではなくて、気づくものではないでしょうか。私たちの日々の暮らしが、自分だけでなく周りにも幸せをつくっていける歩みでありますように。

２０１９年２月　　井田典子

井田典子　Noriko Ida

横浜友の会（『婦人之友』読者の集まり）会員、整理収納アドバイザー。1960年広島県生まれ。3人の子育て中に工夫した、整理収納、時間の使い方などのシンプルライフを『婦人之友』誌上で紹介。困っている人の暮らしに寄り添い行った「片づけ訪問」の家は、200軒を超える。各メディアで、〝スーパー主婦〟として活躍するほか、経験を活かした実践的な講演会を全国各地で行う。

オフィシャルサイト　https://idanoriko.jimdo.com

装丁・本文デザイン　塚田佳奈（ME＆MIRACO）
撮影　元家健吾
表紙・本文イラスト　木波本陽子
編集協力　菅 聖子

「ガラクタのない家」幸せをつくる整理術

2019年3月15日　第1刷発行
2019年4月15日　第3刷発行

著者　井田典子
編集人　小幡麻子
発行人　入谷伸夫
発行所　株式会社 婦人之友社
〒171-8510　東京都豊島区西池袋2－20－16
電話 03-3971-0101
https://www.fujinnotomo.co.jp
印刷・製本　大日本印刷株式会社

ISBN 978-4-8292-0888-5

井田典子さん愛用の婦人之友社の本

羽仁もと子著作集　全21巻より

第9巻　家事家計篇

どうしたら一家の主婦として、家計のきりまわしや
家事が上手にできるかを考え、家事整理、家庭経営、
時間の使い方などの問題に心をこめて取り組んだ著作。
本体1500円＋税

魔法の鍋帽子® レシピ85

かぶせておくだけ！　ふっくら保温調理　婦人之友社編

短時間の加熱後、火を止めて鍋帽子をかぶせると、あとは時間が調理。
外出中や就寝中でも、かぶせておけば料理ができるので、
まるで魔法のよう。節電、節ガスでエコクッキング。
本体1500円＋税

シンプルライフをめざす　**基本の家事**

暮らしに「ゆとり」をつくります　婦人之友社編

家事がすっきりまわるシステムづくり。ものの選び方と整理の原則、
少ないもので暮らす工夫、ゆとりを生み出す時間術など、
100人の知恵を集めました。実例に井田典子さんも登場。
本体1700円＋税

シンプルライフをめざす　**整理　収納　インテリア**

すっきりが「持続」します　婦人之友社編

本当に片づく、と大評判の収納の本。合理的に整理し、機能的に
収納するコツと、持続可能な快適空間を豊富な写真とともに紹介。
３ＬＤＫ全収納マップと持ちものリストなど。
本体1800円＋税

シンプルライフをめざす

基本のそうじ＋住まいの手入れ

地球とあなたにラクな方法見つかります　婦人之友社編

重曹、クエン酸など環境にやさしい洗浄剤の使い方、少ない労力で
キレイをキープする知恵を結集。家中のそうじのコツがわかります。
場所別「そうじ頻度・手順・コツ」ほか。　本体1800円＋税

2019年3月15日現在　　表示価格に消費税が加算されます。